D1727397

Johannes Hönig
Harald Schäffler
(Hrsg.)

Nachhaltige Entwicklung

Transdisziplinäre Aspekte eines neuen Entwicklungskonzepts

Mit Beiträgen von:
Manon Andreas-Grisebach, Ulrich Duchrow,
Michael von Hauff, Johannes Hönig,
Helge Majer, Harald Schäffler

Verlag Wissenschaft & Praxis

CIP-Titelaufnahme der Deutschen Bibliothek

Nachhaltige Entwicklung : Transdisziplinäre Aspekte eines neuen
Entwicklungskonzepts / Johannes Hönig und Harald Schäffler (Hrsg.).
Mit Beiträgen von M. Andreas-Grisebach ...
– Sternenfels ; Berlin : Verl. Wiss. und Praxis, 1996
    ISBN 3-928238-98-1
NE: Hönig, Johannes [Hrsg.]; GT

ISBN 3-928238-98-1

© Verlag Wissenschaft & Praxis
Dr. Brauner GmbH 1996
75447 Sternenfels, Nußbaumweg 6
Tel. 07045/930093 Fax 07045/930094

Printed in Germany

Vorwort

Anläßlich der Konferenz für Umwelt und Entwicklung der Vereinten Nationen in Rio de Janeiro im Juni 1992 wurde eine „Agenda 21" als Aktionsprogramm für das 21. Jahrhundert von mehr als 170 Staaten verabschiedet. In 40 Kapiteln werden alle wesentlichen Politikbereiche einer nachhaltigen Entwicklung angesprochen. Die Regierungen erhielten detaillierte Handlungsaufträge, um einer weiteren Verschlechterung der Umweltsituation entgegenzuwirken, um Umwelt- und Entwicklungsziele zusammen zu betrachten und eine nachhaltige Nutzung der natürlichen Ressourcen sicherzustellen. Wesentlicher Ansatz ist dabei die Integration von Umweltaspekten in alle anderen Politikbereiche. Mit dem Aktionsprogramm Agenda 21 wollte die Weltkonferenz ihre Absicht dokumentieren, „eine neue globale Partnerschaft einzugehen" und „einer nachhaltigen Entwicklung den Vorrang einzuräumen".

Wir müssen aufhören, unser natürliches und auch soziales Kapital zu verbrauchen und damit dramatisch die künftigen Lebenschancen zu verringern. Wir Industrieländer leben auf Kosten der folgenden Generationen und des armen Zweidrittels der Weltbevölkerung. Wir müssen von der real existierenden Zerstörung über Schadensbegrenzung und Reparatur zur Nachhaltigkeit gelangen. Nachhaltigkeit heißt mehr als nur eine umbenannte Umweltpolitik mit leicht geänderten Instrumenten.

Es ist ein besonderer Verdienst dieses Buches, das faszinierende Ziel einer nachhaltigen Entwicklung aus unterschiedlichen Blickwinkeln zu beleuchten und zu diskutieren. Denn allzuoft wird die Problematik allein unter Umwelt- und Ressourcengesichtspunkten betrachtet. Erforderlich ist jedoch vielmehr eine breite Sichtweise, die die bisherigen Schranken der wissenschaftlichen und politischen Disziplinen überschreitet, denn eine nachhaltige Entwicklung erfordert in gleichem Maße ein Umdenken und Mitwirken aller Akteure. Dem versucht die Zusammenstellung dieses Buches gerecht zu werden: Experten aus unterschiedlichen Disziplinen regen mit ihren Beiträgen zu einem grundlegenden Verständnis einer nachhaltigen Entwicklung an.

Thomas Schaller

Bürgermeister für Umwelt und Energie der Stadt Heidelberg

Inhaltsverzeichnis

Nachhaltige Entwicklung als transdisziplinäres Aufgabengebiet 9

Eine Einführung in das Thema

von Johannes Hönig und Harald Schäffler

1. Nachhaltige Entwicklung - ein erweiterter Entwicklungs-
   begriff 11
2. Nachhaltige Entwicklung - ein transdisziplinärer Ansatz 14

Mensch und/oder Natur 19

Grundzüge einer ökozentrischen Ethik

von Manon Andreas-Grisebach

„Macht euch die Erde untertan"? 31

Ein theologischer Beitrag zum Verständnis und zur
Überwindung der Umweltkatastrophe

von Ulrich Duchrow

1. Was heißt „Macht euch die Erde untertan" und was heißt
   es nicht? 32
2. Die Geschichte der Verkehrung des Bibelwortes 38
3. Folgerungen für eine ökologisch-soziale Handlungs-
   strategie? 49

**Entwurf einer armuts- und ökologieorientierten
Weltentwicklungspolitik** 55

von Michael von Hauff

1. Kritische Bestandsaufnahme der
   Entwicklungszusammenarbeit 55

2. Armut und Umweltzerstörung als zentrale Probleme der
Unterentwicklung 56

3. Konzeptionelle Anforderungen an eine
Weltentwicklungspolitik 63

4. Perspektiven einer armuts- und ökologieorientierten
Weltentwicklungspolitik 67

Von der ökokratischen Steuerung zum partizipativen Diskurs 73

von Harald Schäffler

1. Ökokratische Steuerung 74

2. Globales Umweltmanagement 75

3. Partizipativer Diskurs 78

4. Fazit 80

Vom globalen Konzept zur regionalen Werkstatt 83

Aus der Arbeit des Ulmer Initiativkreises Nachhaltige
Wirtschaftsentwicklung e. V.

von Helge Majer

1. Von der globalen zur regionalen Nachhaltigkeit 83

2. Der regionale Ansatz 85

3. Eine regionale Infrastruktur für die Umsetzung des Konzepts
einer nachhaltigen Entwicklung 86

4. Handlungsfelder und Handlungsprinzipien 95

5. Mediationsbasierte Runde Tische 98

6. Probleme und Ausblick 103

Die AutorInnen 105

Nachhaltige Entwicklung als transdisziplinäres Aufgabengebiet

Eine Einführung in das Thema

von Johannes Hönig und Harald Schäffler

„Entwicklung" - selten hat ein Wort in der jüngeren Geschichte sowohl in inhaltlicher als auch in räumlicher Hinsicht so an wissenschaftlicher, politischer und gesellschaftlicher Bedeutung hinzugewonnen wie dieser Begriff. Dies gilt vor allem, wenn „Entwicklung" in Verbindung mit den Adjektiven „nachhaltig", „dauerhaft" oder „zukunftsfähig" benutzt wird.[1] Eine lange Zeit der statischen Auffassung von Entwicklung ist einem eher dynamischen Verständnis gewichen, welches nicht nur den Weg, sondern auch die Ziele als veränderlich ansieht. Wie ist es dazu gekommen?

Die *räumliche* Ausdehnung der Diskussion wurzelt in dem Eingeständnis, daß Entwicklung nicht mehr ausschließlich als eine Notwendigkeit für die Entwicklungsländer angesehen wird, sondern daß auch die Industrieländer in vielfacher Hinsicht „Entwicklungsdefizite" aufweisen. Denn weder Industrie- noch Entwicklungsländer können heute als zukunftsbeständig bezeichnet werden. Die Gestaltung einer sozial gerechten und ökologisch tragfähigen Entwicklung ist somit gleichermaßen Aufgabe für die Länder in Nord und Süd und weist lediglich je nach Region unterschiedliche spezifische Probleme auf.

Die *inhaltliche* Diskussion um die Ziele von Entwicklung hat seit dem internationalen „Durchbruch" des Nachhaltigkeitsbegriffes mit dem Bericht der unabhängigen Weltkommission für Umwelt und Entwicklung[2]

---

[1] Bekanntermaßen gibt es für das englische Wort „sustainable" keine eindeutige deutsche Übersetzung. Im Rahmen dieses Buches wird in der Regel der Begriff „nachhaltig" verwendet.

[2] Die Kommission wird auch nach dem Namen ihrer Vorsitzenden als Brundtland-Kommission genannt.

(WCED) 1987 eine neue Breite und Tiefe angenommen. Sie ist von wissenschaftlichen Kreisen aus nach und nach in Gesellschaft und Politik diffundiert und hat auf internationaler Ebene mit der Konferenz der Vereinten Nationen für Umwelt und Entwicklung (UNCED) 1992 in Rio einen vorläufigen Höhepunkt erlebt.

Studien, wie der Aktionsplan Sustainable Netherlands der „Friends of the Earth" in den Niederlanden (MILIEUDEFENSI 1992) oder „Zukunftsfähiges Deutschland" des Wuppertal-Instituts in Deutschland (BUND und MISEREOR 1996), konkretisierten das Leitbild einer nachhaltigen Entwicklung auf nationaler Ebene und zeigen praxisbezogene Wege und Möglichkeiten des Übergangs auf.

Auf lokaler Ebene haben sich in zahlreichen Städten und Gemeinden Initiativen zur Formulierung einer lokalen Agenda 21 gebildet, die Ziele und Maßnahmen, wie sie in Rio verabschiedet wurden, für ihre Kommunen und Regionen umsetzen wollen.[3] Damit einher geht in vielen Fällen eine stärkere Einbeziehung von Bürgerinnen und Bürgern in die politische Auseinandersetzung beispielsweise in Form von Bürgerforen oder Runden Tischen.

Schließlich hat sich auch in der fachlichen Diskussion immer mehr gezeigt, daß die Nachhaltigkeit der gesellschaftlichen und ökonomischen Entwicklung nicht allein ein Anlaß für eine Korrektur der Umweltpolitik sein kann, sondern daß das gesamte gesellschaftliche Leben und damit auch verschiedene wissenschaftliche Disziplinen davon betroffen sind.

Der letzte Aspekt ist Gegenstand dieses Sammelbandes. Im Rahmen einer Veranstaltungsreihe des Kreisverbandes von Bündnis 90/Die Grünen in Heidelberg wurden im Herbst 1995 fünf Referentinnen und Referenten aus verschiedenen wissenschaftlichen Disziplinen und mit unterschiedlichen fachlichen Schwerpunkten gebeten, ihre Sichtweise von nachhaltiger Entwicklung vorzustellen.

Ziel der Vortragsreihe war es, die zahlreichen Facetten, die sich hinter diesem Konzept verbergen, hervorzuheben. Nachhaltige Entwicklung,

---

[3] Beispielhaft hierfür seien die Initiativen in München, Köpenick oder Heidelberg genannt (vgl. Politische Ökologie 14. Jg., Nr. 14, Mai/Juni 1996).

dies sollte deutlich gemacht werden, bedeutet mehr als eine veränderte Umweltpolitik. Neben der ökologischen Komponente besitzt sie eine nicht zu vernachlässigende soziale und zeitliche Dimension. Erst alle drei Elemente zusammen machen den Kern des Konzeptes aus und die integrierte Betrachtung dieser Dimensionen stellt eine zentrale Aufgabe für Politik und Gesellschaft dar.

1. Nachhaltige Entwicklung - ein erweiterter Entwicklungsbegriff

Die Entstehung des Konzeptes der nachhaltigen Entwicklung steht in einer engen Beziehung mit der seit dem Ende der 60er Jahre aufgekommenen Kritik an dem bis dahin weithin gültigen Entwicklungsverständnis. In der Entwicklungstheorie und auch der praktischen Umsetzung wurde seit Beginn der 50er Jahre Entwicklung vornehmlich mit wirtschaftlichem bzw. industriellem Wachstum gleichgesetzt - in der angewandten Entwicklungspolitik läßt sich dieses Entwicklungsparadigma noch bis heute verfolgen. Die Kritik setzte zum großen Teil an dieser Gleichsetzung an und bemängelte, daß (vgl. POMFRET 1992, S. 71ff):

- die ökonomischen Erfolge, die mit hohen Wachstumsraten erzielt werden konnten, nicht zu den unteren Bevölkerungsschichten durchsickerten und sich somit die Armut als zunehmend persistent erwies,

- eine vielfach vernachlässigte landwirtschaftliche Entwicklung zum Teil große Hungersnöte nach sich zog,

- aufgrund struktureller Ungleichgewichte auf globaler Ebene eine generelle Entwicklung der Länder der Dritten Welt blockiert wurde, bzw. von Seiten des Nordens aus nicht erwünscht war (Dependenztheorie),

- bei der vorherrschenden Weltwirtschaftsordnung die Entwicklungsländer benachteiligt wurden.

In der Folge dieser Kritik wurden alternative Entwicklungsstrategien und -konzepte entwickelt, die sich auch bzw. vornehmlich mit den sozialen bzw. ökologischen Aspekten von Entwicklung befaßten. Von seiner Bedeutung her - bis in die heutige Zeit - muß das von der International Labour Organization (ILO) maßgeblich ausgearbeitete Konzept der Befriedigung der Grundbedürfnisse („basic needs") hervorgehoben werden (ILO 1976). Eher aus dem Blickwinkel der Länder des Nordens wurde das Konzept der Ökoentwicklung entworfen, an dem auch das Umweltprogramm der Vereinten Nationen (UNEP) beteiligt war (vgl. GLAESER 1984). Dieses Konzept steht in enger Beziehung zu der ersten UN-Konferenz zur menschlichen Umwelt in Stockholm 1972 sowie zu dem im gleichen Jahr erschienenen Bericht des „Club of Rome" zu den „Grenzen des Wachstums" (MEADOWS et al. 1972).

Im Verlauf der 80er Jahre wurde dann mit der Prägung des Konzeptes einer nachhaltigen Entwicklung - zumindest rhetorisch -, die Interdependenz von Umweltschutz und ökonomischer und sozialer Entwicklung international anerkannt. Umwelt und Entwicklung bedingen sich gegenseitig - ohne Entwicklung kein Umweltschutz und keine Entwicklung ohne Umweltschutz. Dies war die politische Botschaft der Rio-Konferenz (vgl. FINGER 1993, S. 42f).

Der nahezu ausschließlich ökonomisch orientierte Entwicklungsbegriff der 50er und 60er Jahre erfuhr damit eine Erweiterung um eine soziale, zeitliche und ökologische Dimension (vgl. PEARCE u. a. 1989, S. 1f):

- In *sozialer* Hinsicht sollten die Bedürfnisse der Armen bzw. Benachteiligten in den Vordergrund gestellt werden (intragenerationale Gerechtigkeit).
- Im Hinblick auf die *Zukunft* sollten die Bedürfnisse der künftigen Generationen in die heutigen Überlegungen und Entscheidungen mit eingeschlossen werden (intergenerationale Gerechtigkeit).
- Und bezüglich der *natürlichen Umwelt* sollte auf eine Erhaltung der ökologischen Funktionen der Natur und eine Schonung der Ressourcen hingewirkt werden.

Mit der Forderung nach intragenerationaler Gerechtigkeit wird im internationalen Kontext eine Angleichung der Chancen gefordert. Sowohl auf dem Erdgipfel in Rio 1992 als auch auf dem Weltsozialgipfel 1995 wurden weitreichende Maßnahmen des Ausgleichs diskutiert. Seitens des Nordens wurde im Vorfeld der UNCED die Verantwortung für einen Großteil der klimawirksamen Verschmutzung eingeräumt (vgl. SCHÄFER 1993, S. 102). Auf der Konferenz selbst scheiterte jedoch der

Versuch, die Industrieländer zu größeren finanziellen Transfers zu verpflichten (vgl. VORHOLZ 1993, S. 117). Ähnliches läßt sich vom Weltsozialgipfel sagen, dessen Aktionsprogramm ebenfalls nur vage Zusagen enthält (vgl. BUNZENTHAL 1995, S. 1). Dazu gehörte z. B. die Forderung, daß das 20-20-Prinzip[4] verpflichtend eingeführt wird.

Im nationalen Kontext der Entwicklungsländer - und angesichts einer permanent steigenden Zahl von Arbeitslosen und SozialhilfeempfängerInnen auch im Kontext vieler Industrieländer - wird soziale Gerechtigkeit zu einem immer brisanteren Thema. Ohne ausgleichende Maßnahmen besteht die Gefahr, daß der gesellschaftliche Grundkonsens zerbricht und das soziale Gefüge durcheinander gerät.

Die zeitliche Dimension von nachhaltiger Entwicklung ist eher ein Gegenstand ethischer und wissenschaftlicher Überlegungen. Die Debatte um die intergenerationale Gerechtigkeit dreht sich vornehmlich um die Frage der dauerhaften Sicherung des Wohlstandes durch eine gerechte Verteilung der Ressourcen zwischen den heutigen und den zukünftigen Generationen. Angesichts des hohen spezifischen Konsumniveaus in den Industrieländern ist zu fragen, inwieweit der natürliche Kapitalstock übermäßig abgebaut wird, damit wichtige Funktionen der Natur beeinträchtigt und dadurch Rechte kommender Generationen verletzt werden.

Ein grundlegendes Problem in diesem Kontext ist die Unfähigkeit des Menschen, angesichts der dynamischen technischen und wirtschaftlichen Entwicklung komplexe und zeitlich entfernte Auswirkungen seines Handelns in der Gegenwart angemessen zu berücksichtigen (vgl. RADKE 1995, S. 217). Zudem läßt die menschliche Ungeduld oder Kurzsichtigkeit (Myopie) den gegenwärtigen gegenüber dem zukünftigen Nutzen höher bewerten und führt damit zu - für kommende Generationen - negativen Entscheidungen.[5]

---

[4] Das 20-20-Prinzip besagt, daß 20 Prozent der Staatshaushalte der armen Länder und 20 Prozent der Entwicklungshilfe für soziale Grundbedürfnisse gebunden werden sollen.

[5] Beispielhaft dafür sind FCKWs, die vor 30 Jahren eingeführt wurden. Die durch die FCKW-Herstellung und -Nutzung entstandenen ökologischen Schäden, wie z. B. an der Ozonschicht, wurden über viele Jahre nicht (an)erkannt - die Folgen haben nun die nächste Generation zu tragen.

In der Ökonomie (speziell in den neoklassischen Schulen) spricht man hier von der Problematik der intertemporalen Nutzendiskontierung. Je höher die Diskontrate von den gegenwärtig lebenden Menschen angesetzt wird, desto geringer wird der Nutzen für die Zukunft bewertet, der z. B. aus einer natürlichen Ressource gezogen werden kann. In zeitlicher Hinsicht bedeutet jede Diskontierung von Umweltgütern eine Geringerbewertung der Konsummöglichkeiten kommender Generationen, und damit - bei einer konsequenten Auslegung des Konzeptes der nachhaltigen Entwicklung - eine Verletzung des Prinzips der intergenerationalen Gerechtigkeit.

Mit der Anerkennung der Bedeutung der Umweltgüter für den ökonomischen Prozeß ging eine veränderte Wertschätzung der Natur bzw. der natürlichen Ressourcen einher. Ressourcen wurden nicht mehr als ein für alle Menschen unbegrenzt zur Verfügung stehendes, sondern als ein knappes Gut betrachtet, dessen Wert ihre Knappheit reflektieren sollte.

Heute hat sich die Auffassung des als zentral ausgemachten ökologischen Knappheitsproblems geändert. Stand vor gut 20 Jahren die physische Begrenztheit der Ressourcen im Vordergrund (vgl. MEADOWS et al. 1972), so ist es heute die begrenzte Aufnahmefähigkeit ökologischer Systeme für Schadstoffe und Abfälle aller Art, die im Mittelpunkt der Diskussion steht (vgl. BUND und MISEREOR 1996, S. 23).

2. Nachhaltige Entwicklung - ein transdisziplinärer Ansatz

Das Konzept der nachhaltigen Entwicklung ist, wie es mit den obigen Ausführungen schon angedeutet wurde, ein umfassender und komplexer Ansatz mit dem Ziel, eine ökologisch tragfähige und sozial ausgewogene Entwicklung langfristig zu erreichen und zu sichern. Nun stellt sich die Frage, ob dieses Ziel innerhalb der bestehenden gesellschaftlichen, politischen und wirtschaftlichen Strukturen erreicht werden kann, oder ob nicht auch diese Strukturen zur Diskussion gestellt werden müssen. Oder anders gefragt, geht es um eine „verbesserte" oder um eine „andersartige" Entwicklung?

Die nachfolgenden Beiträge argumentieren, daß Veränderungen bzw. Erweiterungen der bestehenden Strukturen für eine nachhaltige Entwicklung notwendig sind. Das heißt, daß, wie schon im vorherigen Abschnitt angedeutet wurde, nachhaltige Entwicklung nicht allein als eine modifizierte Umwelt- und Ressourcenpolitik mit einem modifizierten Zielkatalog aufgefaßt werden darf, sondern eine disziplinübergreifende Neubestimmung von Werten, Prinzipien und Zielen erfordert. Wir wählten dafür den Begriff „transdisziplinär". Damit soll ausgedrückt werden, daß

- zum einen die Problematik quer zu den bisherigen politischen, wissenschaftlichen und gesellschaftlichen Disziplinen liegt und nicht in eines der üblichen Raster eingeordnet werden kann, und daß
- zum anderen alle Akteure der einzelnen Disziplinen von der Neubestimmung betroffen sind und sich an dem Diskurs beteiligen sollten.

Diese umfassende Betrachtungsweise steht der sonst oft üblichen Tendenz entgegen, einzelnen Disziplinen die Lösungskompetenz zuzusprechen und damit andere Sichtweisen und mögliche Lösungen auszublenden. Für eine fundierte und fruchtbare Diskussion ist hingegen der Beitrag verschiedener Disziplinen notwendig. Dies wird exemplarisch durch die folgenden Beiträge verdeutlicht.

Zunächst wird aus ethischer Sicht gefragt, welches Mensch-Natur-Verhältnis einer nachhaltigen Entwicklung zugrunde liegen müßte. Der Beitrag von Manon ANDREAS-GRISEBACH veranschaulicht, daß zwar die griechischen Naturphilosophen noch ein ganzheitliches Verständnis von Mensch und Natur hatten, daß aber mit der Entwicklung der abendländisch-westlichen Kultur der Mensch immer mehr in den Mittelpunkt der Betrachtung rückte. Die Natur wurde zum Objekt und damit zu einem dem Menschen untergeordneten Gegenstand. Versinnbildlicht anhand von ethischen Mengenkreisen wird diese anthropozentrische Sichtweise einem öko- bzw. kosmozentrischen Weltbild gegenübergestellt. Eine ökozentrische Ethik würde dazu beitragen, daß der Natur mehr Rechte zugesprochen werden würden - eine Bedingung für die Erhaltung der natürlichen Umwelt in einer lebenswerten Form. Die Hindernisse, die sich dem entgegen stellen, werden anhand der Unterschiede illustriert, die die heutigen zu den früheren umweltrelevanten Handlungen kennzeichnen.

Ulrich DUCHROW nähert sich dem Verhältnis Mensch - Natur aus theologischer Sicht. Er greift eine oft zitierte Bibelaussage des alten Testamentes auf, in der der Mensch dazu aufgefordert wird, sich die Erde untertan zu machen. Er interpretiert die Stelle anhand einer ausführlichen Betrachtung des Entstehungskontextes. Mittels weiterer Bibelstellen macht er dann deutlich, daß aus theologischer Sicht ein partnerschaftliches und damit auch gewaltloses Verhältnis zwischen Mensch und außermenschlicher Schöpfung begründet werden kann.

Im weiteren legt er die Geschichte der Verkehrung des Bibelwortes dar, welche vor allem mit der scharfen Trennung von Mensch und Natur, wie man sie im besonderen Maße im abendländischen Kulturkreis vorfindet, einhergeht. Er stellt dann diese Kritik in direktem Zusammenhang mit der derzeitigen ökologischen Krise und den Bedingungen der Finanzwirtschaft. Abschließend entwirft er eine Strategie für eine ökologisch und sozial gerechte Entwicklung, die in vielerlei Hinsicht über die in der Studie „Zukunftsfähiges Deutschland" gemachten Forderungen und Vorschläge hinausgeht.

Michael VON HAUFF greift die Kritik an den globalen ökonomischen Rahmenbedingungen auf und beleuchtet schwerpunktmäßig die Nord-Süd-Aspekte einer nachhaltigen Entwicklung. Einer kritischen Bestandsaufnahme der Entwicklungszusammenarbeit folgen Ausführungen über die zentralen Probleme in den Entwicklungsländern, wozu Armut und Umweltzerstörung gerechnet werden müssen. Sie stellen keine isolierten Phänomene dar, sondern stehen in einer vielfältigen und komplexen Beziehung zueinander.

Aus den daraus gewonnenen Erkenntnissen werden Anforderungen an eine Entwicklungspolitik im globalen Kontext formuliert. Die Länder des Nordens sind dabei aufgefordert, gleichermaßen ihr gegenwärtiges Wohlstandsmodell zu überdenken sowie der Entwicklungszusammenarbeit eine stärkere armuts- und umweltpolitische Ausrichtung zu geben. Auf seiten der Entwicklungsländer gilt es, politische, wirtschaftliche und soziale Grundlagen herzustellen, auf denen eine nachhaltige Entwicklungspolitik aufbauen kann.

Der Beitrag von Harald SCHÄFFLER schwenkt den Blickwinkel von der inhaltlichen Zielbestimmung einer nachhaltigen Entwicklung auf die politische Steuerung eines nachhaltigen Entwicklungsprozesses. Er greift damit ein oft in der Debatte um eine nachhaltige Entwicklung vernachlässigtes politisches Thema auf. Ausgangspunkt ist die Frage, wer die Ziele im Rahmen einer nachhaltigen Entwicklung festlegt, wer zwischen verschiedenen konkurrierenden Zielen auswählt und wer den Entwicklungsprozeß steuert. Er hebt drei unterschiedliche Konzeptansätze heraus. Einer „ökokratischen Steuerung", die sich auf „objektive" ökologische Tatbestände stützt und politischen Bewertungen letztlich keinen Spielraum gibt, stellt er das „globale Umweltmanagement" sowie den Ansatz des partizipativen Diskurses gegenüber. Bei beiden Konzepten wird die Notwendigkeit der politischen Setzung von Zielen anerkannt. Im Konzept des globalen Umweltmanagement soll dies jedoch von den bisherigen politischen „Führern" auf internationaler Ebene geleistet werden. Beim Konzept des partizipativen Diskurses können hingegen die Betroffenen ihre Interessen und Wertvorstellungen einbringen. Die Partizipation von Betroffenen ist nach SCHÄFFLER zu folge eine wesentliche prozedurale Bedingung einer nachhaltigen Entwicklung.

Folgt man dieser Argumentation, dann wird auch aus Gründen der politischen Steuerung die regionale Ebene eine stärkere Bedeutung wiedererlangen. Helge MAJER geht darauf in seinem Beitrag schwerpunktmäßig ein. Er schildert anhand seiner persönlichen Erfahrungen mit dem Ulmer Initiativkreis Nachhaltige Wirtschaftsentwicklung e. V. die Möglichkeiten und Grenzen einer nachhaltigen Regionalentwicklung.

MAJER stellt die institutionellen, informationellen, strukturellen und inhaltlichen Voraussetzungen dar, die für eine erfolgreiche Umsetzung des Konzepts erforderlich sind. Weiterhin werden neue Handlungsmöglichkeiten von Technik, Verhalten und Institutionen aufgezeigt und Handlungsprinzipien genannt. Die praktische Bedeutung von partizipativen Diskursen illustriert er am Beispiel eines mediationsorientierten Runden Tisches zur Ulmer Energieversorgung.

Diese Beiträge veranschaulichen beispielhaft, welche wissenschaftlichen, politischen und gesellschaftlichen Bereiche von einer transdisziplinären Nachhaltigkeits-Debatte berührt werden. Damit wird - so die Hoffnung der Herausgeber - der häufig allein auf ökonomische und ökologische Aspekte eingeengte Blickwinkel erweitert und eine grundlegendere Sichtweise angeregt.

Literaturverzeichnis

BUND, Misereor (Hrsg.) (1996): Zukunftsfähiges Deutschland, Basel

Bunzenthal, R. (1995): Sozialgipfel macht vage Zusagen, in: Frankfurter Rundschau, 13.3.1995, Jg. 51, Nr. 61/11, S. 1

Glaeser, B. (1984) Ecodevelopment: Concepts, Projects and Strategies. Oxford

ILO (International Labour Organization) (1976): Employment, Growth and Basic Needs - A one-world problem, Genf

Meadows et al. (1972): Limits to Growth. New York

Milieudefensie (Friends of the Earth Netherlands): Action Plan Sustainable Netherlands, Amsterdam 1993

Pearce, D. W. et al. (1989): Blueprint for a green economy, London

Pomfret, R. (1992): Diverse paths of exonomic development, Hertfordshire

Radke, V. (1995): Wege in die Umweltkatastrophe, in: Nutzinger, H. G. (Hrsg.): Nachhaltige Wirtschaftsweise und Energieversorgung - Konzepte, Bedingungen, Ansatzpunkte, Marburg, S. 201 - 224

Schäfer, H. B. (1993): Nachhaltigkeit der Entwicklung in Nord und Süd, in: Altner, G. et al. (Hrsg.): Jahrbuch Ökologie 1993, München, S. 102 - 112

Vorholz, F. (1993): Wohlhabende Saubermänner - arme Schmutzfinken, in: Altner, G. et al. (Hrsg.): Jahrbuch Ökologie 1993, München, S. 113 - 119

Mensch und/oder Natur

Grundzüge einer ökozentrischen Ethik

von Manon Andreas-Grisebach

„Natürlich" müssen wir uns für das Und im Titel entscheiden. Auch wenn schier unlösbare Konflikte auftreten sollten - es wird sie in Mengen geben - bleibt uns keine andere Wahl als: Mensch und Natur. Gerade das Zusammen beider, oft so getrennt empfundener Welten, ist die Aufgabe. Eine Ethik formuliert immer das Ideal, wohl wissend, daß dieses nie erreicht werden kann. Zukunftsmusik. Ein Beispiel gibt uns die christliche Ethik: Liebe deinen Nächsten wie dich selbst ... . Obwohl von niemandem erfüllt, hat dieses Gebot prinzipiell seine Berechtigung. Auch eine naturbezogene Ethikerin darf sich nicht scheuen, ideale Zieltafeln aufzustellen, Orientierungsmarken.

Was der Name „ökozentrisch" umfassen will, ist Einstieg in ein bombastisches Thema: Der gesamte Haushalt auf diesem Planeten soll Gegenstand sein. Milliarden von Lebewesen, alle Tiere vom Rhinozeros bis zum Seestern, alle Pflanzen vom Kaktus bis zum Mammutbaum, alle Lebensräume von der Wüste bis zur Antarktis, alle Zweibeiner von den Maoris bis zu den Heidelbergern; alle Mikroben und Makrophagen, das Blut und alle anderen Säfte, die Erdoberfläche und die unterirdischen Höhlen, die Luft- und Gasschichten oben und die Schätze unten. Und dazu noch *Ethik* - d. h. die intellektuelle Bewältigung dieser Mengen in unserem Kopf, das moralische Denken darüber, das Finden von Werten und Regeln, um unser Verhalten im Umgang mit dieser Superstruktur zu steuern. Das Mißverhältnis zwischen der Aufgabe und unseren minimalen Fähigkeiten ist frustrierend, wenn nicht alles, was wir leisten Fragment wäre.

Die Abbildung 1 veranschaulicht ethische Mengenkreise. Der innerste Kreis, die sog. anthropozentrische Ethik verweist auf die Menschen, auf ihre Beziehung untereinander. Hier geht es isoliert um uns. Jahrhunderte lang, Jahrtausende lang. Die Geschichte der Ethik war seit ihren frühesten Anfängen, von minimalen Ausnahmen abgesehen, auf die Menschen fixiert. Mensch und Mensch, und wenn's religiös zuging, kam dazu Mensch und Gott. Die außermenschliche Natur war kein moralisch relevantes Thema. Natur war (und ist?) ein blinder Fleck auf der Landkarte der Ethik. Der nicht-menschliche Oikos (Haushalt) blieb draußen vor der Tür.

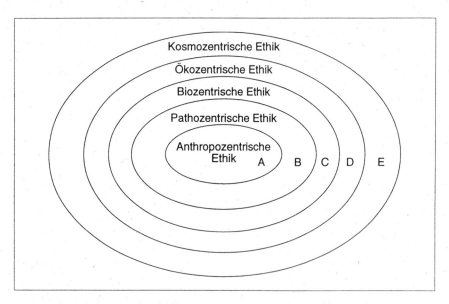

Abbildung 1: Ethische Mengenkreise

Warum eigentlich? Ethiker waren doch immer schon Besserwisser. Sie hätten besser wissen müssen, daß z. B. Gott die ganze Welt geschaffen hat, incl. der Tiere, der Pflanzen und der vier Elemente. Die griechische Naturphilosophie hatte es vorgedacht:

- Heraklit (um 500 v. Chr.): „Alles fließt" und „Alles ist eins", *Alles.*
- Thales (um 600 v.Chr.): Wasser ist der Urstoff, aus dem Alles gemacht ist.
- Anaximander (ein ionischer Naturphilosoph etwa gleichzeitig mit Thales): Urstoff ist das Unendliche, aus dem alle Dinge entstehen, und in den alle Dinge wieder zurückkehren. *Alle.*

- Demokrit (um 300 v. Chr.): Alles besteht aus den kleinsten Teilchen, den Atomen.
- Anaxagoras (um 450 v. Chr.): Urstoff ist der Nous, eine Art Kraftstoff, Denkstoff, aus dem alle Dinge hervorgehen. Und die Pflanzen hält Anaxagoras ebenso für beseelt wie die Tiere und Menschen, alle trauern und freuen sich. Usw.

Warum also folgte daraus nicht auch eine Ethik, d. h. eine Lehre für das Tun und Lassen der Menschen, eben dieses *Alles* zu berücksichtigen? Auf alles Rücksicht zu nehmen, allem das gleiche Lebensrecht einzuräumen?! Statt dessen die große und inzwischen tragische Verhärtungsgeschichte. Die Menschen rückten sich allmählich immer mehr in den Mittelpunkt. Naturvergessenheit, Schöpfungsvergessenheit setzten ein, der Anthropozentrismus entfaltete sich. Und nicht nur in Europa.

Gehorchten die Menschen damit einem inneren Trieb, sich zur Hauptsache erklären zu müssen? Aus Furcht vor der übrigen, ja oft feindlich erscheinenden Natur? Aus Selbstwertgefühl? Einem Unterscheidungswillen zuliebe? Tatsache jedenfalls ist, daß die außermenschliche Natur an den Rand gedrängt wurde, wohin kein Gewissen mehr reichte. Beflügelt von der Vorstellung, Gottes Ebenbilder zu sein, stand genügend Rechtfertigungsgrund zur Verfügung. Denn Tiere konnten als ungeeignet gelten, Gottes Herrlichkeit zu repräsentieren, Pflanzen wurden noch geringer eingestuft, und die bloße Materie, wie die der Steine etwa, existierte in völliger Gottferne.

Das entsprach der Vorstellung vom Stufenkosmos, wie ihn der Neuplatoniker Plotin eindrucksvoll beschrieb: die Emanation des göttlichen Geistes vom Höchsten zum Niedrigsten. Aber so viele Unterlagen und Beweise wir auch im Schrifttum finden, bei Heiligen und weniger frommen Schreibern, so hätte man genauso einen anderen Strang lesen können, einen pro natura, abseits der offiziellen Heerstraße. Und selbst bei den Fundamentalisten der Menschenkrone, beim Kirchenvater Augustin, beim Heiligen Thomas und dann bei den Reformatoren LUTHER, CALVIN und ZWINGLI ließe sich auch eine andere Stimme vernehmen: diejenige, die auf die eigenen Skrupel hindeutet, die Tiere und Pflanzen als Geschöpfe Gottes anerkannt wissen und sie im Grunde genommen, wenigstens zaghaft in den Kreis der Gesegneten aufnehmen möchte. Viel Intelligenz wurde aufgebracht, um dennoch die unsterbliche Seele der Menschen, ihre Gottesliebe und prinzipiell ihre Einzigartigkeit zu beweisen.

In einigen Denksystemen ging dies leichter vonstatten, wie etwa im idealistischen Gebäude von HEGEL, wo zu lesen steht (Enzyklopädie der philosophischen Wissenschaften 1817, S. 248):

> „Man mag und soll in der Natur die Weisheit Gottes bewundern. (...) So ist jede Vorstellung des Geistes, die schlechteste seiner Einbildung, das Spiel seiner zufälligsten Launen, jedes Wort ein vortrefflicherer Erkenntnisgrund für Gottes Sein als irgend ein einzelner Naturgegenstand. (...). Wenn auch die geistige Zufälligkeit, die Willkür, bis zum Bösen fortgeht, so ist dies selbst noch ein unendlich Höheres als das gesetzmäßige Wandeln der Gestirne oder die Unschuld der Pflanzen; denn was sich so verirrt, ist noch Geist."

Solches Denken fußte auf der langen Tradition, und die Argumente für den immensen Abstand des Menschen von der Tierheit wiederholen sich, wenn auch in je anderen Intensitätsgraden. Selbst ein Aufklärer wie Christian WOLFF, der nicht an enge christliche Dogmatik gebunden war, hielt sich an die Unterscheidungstheorie, aus der das Benutzungsrecht resultiert. WOLFF schrieb 1726 in seiner Arbeit „Vernünfftige Gedanken von den Absichten der natürlichen Dinge", § 235:

> „Die Thiere, sie mögen seyn von was für einer Art sie immer wollen, von den grösten vierfüßigen an biß auf das kleineste Ungezieffer, haben keinen Verstand und Vernunfft, keinen Willen und keine Freyheit. (...) Es muß demnach GOTT den Nutzen intendiret haben, den die Thiere in der Natur haben."

Und dieser Nutzen ist, daß sie sich untereinander ernähren, indem sie sich verspeisen, aber vor allem sind sie nützlich, weil sie dem Menschen zur Nahrung dienen und sein Leben ermöglichen.

Hier scheint sich die Abgrenzung der Menschen von den Tieren wie von selbst zu ergeben. Tiere sind Mittel zum Zweck der Menschen, während der Mensch allein „Zweck an sich selbst" ist, wie KANT dies formuliert.

Und doch müßte, wie gesagt, bei einer Gesamtbilanzierung der ideengeschichtlichen Tradition, von der Bibel bis heute, die Naturseite nicht so schlecht davonkommen. Auch das fast zum Überdruß Zitierte „Machet euch die Erde untertan" ist aufwiegbar durch andere Bibelstellen und andere Deutungen (vgl. den folgenden Beitrag von U. DUCHROW in diesem Band). Die einseitige Zentrierung auf die alleinige Mitte Mensch und die Vergessenheit aller übrigen Lebensteilnehmer stellt sich eher als eine Naturvergessenheit der Rezipienten und Benutzer heraus im wirtschaftenden Umgang mit der Natur.

Das heutzutage überstrapazierte Wort von der „Ambivalenz" bietet auch für die Entwicklung des Anthropozentrismus eine gute Richtschnur, in die das andere Modewort vom „differenzierteren" Beurteilen eingebunden werden kann. Allein ein Blick in die Geschichte der Dichtung belehrt uns, daß Natur mit allen ihren Formen und Lebewesen unendlich gepriesen wurde und höchlichst zum Schutz hätte anregen können. Die naturvernachlässigende Ethik hat ihre Motivation jedenfalls nicht aus dieser Literatur entnommen, sondern sie war willfährig den direkten materiellen Interessen der menschlichen Gesellschaft. Die Benutzermentalität siegte, sie produzierte den allgewaltigen Anthropozentrismus, der ein geschätztes Machtinstrument war. Und die naturzugewandte Ethik, die es in bedeutenden Vertretern und Ethikerinnen eben auch gab, wurde an den Rand geschoben. Beispiele für naturwillige Moralphilosophen und universal empfindende Wertdenker sind etwa: PYTHAGORAS, PORPHYRIOS, Hildegard V. BINGEN, Franziskus, MONTAIGNE, VOLTAIRE, GOETHE, SCHOPENHAUER, Leonhard NELSON, Albert SCHWEITZER, ...

Praktisch geworden ist aber als Hauptstrang die Verhärtungsgeschichte, die Geschichte der Selbsterhöhung, die Alleinvertretung. Sie sind des Übels Kern. Deshalb wird es unumstößlich notwendig, daß wir unsere ethischen Zuständigkeiten verändern.

Wir beziehen jetzt im anschaulichen Verfolgen der anderen Mengenkreise Stufe für Stufe die übrige Welt in die Gebote mit ein. Das Prinzip dabei ist *Erweiterung*.

Sehen wir auf das abgebildete Schema in Abbildung 1, so meint der zweite, der „pathozentrische" Kreis, daß unsere Fürsorge und Rücksichtnahme auch allen denjenigen Lebewesen zukommen soll, die leiden können. Bahnbrechend war die berühmte Formel des englischen Philosophen Jeremy BENTHAM: „Die Frage ist nicht: können sie verständig *denken?* oder können sie *sprechen?* sondern: können sie *leiden?"* (Introduction to the Principles of Morals and Legislatin", Kap. 17, 1790)

Der dritte Kreis signalisiert, daß alles, was lebt, der ganze Bio-Kosmos, in die Gebote fürs moralische Tun einbezogen werden soll. Also Menschen, Tiere, Pflanzen: Biozentrisch.

Der vierte Kreis schlägt eine Erweiterung ins Ganze des Erdhaushaltes vor. Die anorganischen Stoffe kommen dazu, die Steine, die Erden, und die Konglomerate wie Gebirge, Landschaften, Flüsse und Meere. Ganzheitliche, holistische, ökologische oder ökozentrische Ethik sind mögliche Benennungen. Naiv-kindliche Namen für Unfaßbares.

Bis vor kurzem hatte das Schema, das von dem Amerikaner William FRANKENA 1973 aufgestellt wurde, mit diesem Öko-Kreis sein Bewenden. Und wir wären froh, wenn es weiterhin so bliebe, denn das vielstöckige Erdhaus bietet in seiner labyrinthischen Komplexität schon genügend unergründliche Aufgaben. Aber doch muß jetzt ein zusätzlicher fünfter Kreis gezogen werden: der kosmozentrische. Angesichts der Benutzung des Weltraums für menschliche Zwecke, Weltraumraketen, Satelliten, mögliche Mülltransporte in welträumliche Sphären, wird es offenbar nötig, selbst für dieses weit Entfernte moralische Verhaltensnormen zu erdenken. Dem Grundsatz gemäß: So weit die Handlungen von Menschen reichen, so weit müssen auch ihre ethischen Vorschriften reichen. So weit der Wirkungskreis - so weit unsere Haftbarkeit.

Zurecht äußerte der späte Nachaufklärer und große Kritiker Theodor W. ADORNO die Hoffnung, daß „die Selbsterhöhung des Tiers Mensch über die Tierheit" ein Ende nehme. Denn: „Nicht sind die Menschen mit Würde positiv ausstaffiert, sondern sie wäre einzig, was sie noch nicht sind (...)" (ADORNO (1970): Ästhetische Theorie, S. 99) Und zu dieser anvisierten Würde gehört unweigerlich am Ende des 20. Jahrhunderts, daß wir die bisher nur für menschliche Belange gültigen Werte hinauskatapultieren, den *Pfeil des Humanen* in das Nicht-Menschliche verlängern, wie das Schema in Abbildung 2 dies andeutet.

Um uns überdies in den Erweiterungszonen heimisch zu machen, ist ein *Perspektivenwechsel* hilfreich. Soll heißen: die eigene Mitte zu verlassen, den Standort der Betrachtung zu wechseln und Platz zu nehmen in den anderen Lebewesen. Der Versuch ist gemeint, von Bäumen,

Blumen, Flüssen und Wolken her zu sehen, zu empfinden und zu denken, in deren Interessen. Ein bewußtes Hineinversetzen in das, was wir nicht sind. Sehen aus der Perspektive des Anderen. So wäre möglicherweise eine Kurskorrektur erreichbar. Das predigt sich leicht. Und jede und jeder versteht es und nickt und doch ändert sich nichts.

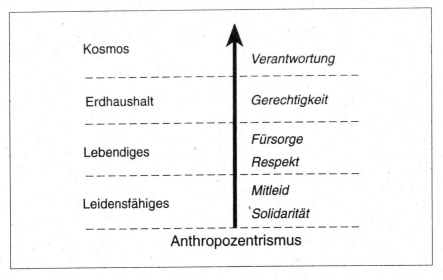

Abbildung 2: Der Pfeil des Humanen

Eine im September 1995 von der Zeitschrift GEO veröffentlichte Umfrage mit dem Titel „Wer die Zukunft gestalten soll?" machte das weitreichend neue Bewußtsein der Befragten hell. Die Antworten zeigten, daß die Sorgen um die Um- und Mitwelt eine erhebliche Rolle spielen. 60 % sagten, die Naturwissenschaftler seien die besten Garanten für eine gute Zukunft, - auch das zeigt schon, daß unsere Bewußtseine begriffen haben: es geht um *Natur*. 45 % erhofften sich die Gestaltung der Zukunft von den Umweltschützern. Aha, das Bewußtsein ist also präpariert, das Wissen um die Gefährdung ist da. Und trotzdem? Trotzdem geht die Zerstörung weiter, und rechts und links meine Nachbarn, die Stadtverwaltungen, die Kommunen, die Länder, die Konzerne, die Minister, - wir selbst: „Nichts getan, faules Herz, nichts getan!" Weiter fliegen wir in die Karibik, essen das Fleisch aus Massentierhaltungen, fahren Auto, duschen täglich, kaufen Schnittblumen, bauen Häuser, reklamieren Arbeitsplätze, egal ob die Arbeit Natur verbraucht oder nicht, … warum?

Es gibt viele Antworten.

Ich habe einige ausgewählt. Es geht mir dabei um die Hindernisse, die dem Befolgen einer ökologischen Ethik im Wege stehen, um die *Widersacher* in uns:

Da sind zuerst und immer auch zuletzt unsere Vorteile: unsere Bequemlichkeit, unser Spaß, unser Bauspaß, unser Wohnspaß, das Reiseglück, die Lust an der Umgestaltung von Landschaft zu Gärten, das Habenwollen, kurz: das angenehme Leben. Und da ist unter vielen anderen Gründen auch die angesprochene geistige Überlieferung, das, womit wir erziehungsmäßig geimpft wurden: die Glorie um unseren Kopf, die Menschenkrone. So, wie es eben der Hauptstrang der abendländischen Denkgeschichte vorgaukelt. Und zu diesen verschiedenen Hindernissen kommen die psychologischen Stolpersteine.

Wenn wir zum Beispiel mit den weltweiten Öko-Schäden konfrontiert werden, führen wir sie keineswegs auf unser je eigenes Schuldkonto zurück. Was hat unser kleines alltägliches Leben verursachend mit dem Ozonloch zu schaffen? Zu weit entfernt! Nicht mit Augen zu sehen oder mit Händen zu greifen. Merke ich, daß stündlich drei Tierarten aussterben? Spüren Sie etwas davon? Womit soll ich das verschuldet haben? Nie hatte ich eine derartige Absicht. Und außerdem kann eine Einzelne gar nicht haftbar sein - immer sind es die Vielen, die Massen, die erst die Großschäden gemeinsam anrichten. Kollektivschuld? Motivationslose Kollektiv-Vergehen? Eine ganz neue Art moralischer Missetaten. Hausmüll, Autofahren, Unkraut-Ex, … nur *mein* Tun wäre für die Natur draußen kein Problem.

Und dann ist da der zeitliche Abstand. Zum Beispiel die Klimakatastrophe: viel zu lang hin, zu schleichend, als daß sie unmittelbar wahrnehmbar wäre; daher habe ich nicht unmittelbar das Bedürfnis, mein Verhalten zu ändern. Und welches Verhalten überhaupt bei dieser wissenschaftlich bewiesenen Komplexität der Schadensursachen, z. B. beim Waldsterben?

So ausgeklügelt auch das offizielle Umweltrecht schon ist, noch immer steht ein Verbandsklagerecht aus (am 29. November 1995 wurde dies erneut abgelehnt auf einer Konferenz der Landesumweltminister in Magdeburg). Delphine können nicht klagen und die chemisch verseuchte Antarktis auch nicht. Wie und wo kann ich mich moralisch entlasten, falls ich überhaupt ein öffentliches, ökologisches Gewissen habe?

Tabelle 1:   Unterschiede der Schäden bei umweltrelevanten Handlungen im Vergleich zu bisherigen „Schäden"

absichtlich, Motiv bekannt	<---->	absichtslos, ungewußt
direkt	<---->	indirekt
sichtbar	<---->	schleichend, unsichtbar
Wirkung sofort	<---->	langfristig
meßbar, zählbar, bewertbar	<---->	erschwerte Meßbarkeit
an Individuen	<---->	Schäden an Großsystemen
Kläger	<---->	Schaden ohne Kläger/in
Individuelle Verursacher	<---->	Akkumulation, kollektive Taten
Ursache - Wirkungsbeziehung genau angebbar	<---->	Komplexität der Ursachen
Namentliche Verursacher	<---->	Anonyme Massen als Verursacher
örtlich begrenzt	<---->	globale Schädigung
zeitlich begrenzt	<---->	Schadensbeginn und Dauer fraglich
Erkennbarkeit	<---->	Schäden ungewiß

Die gewöhnlichen Schäden, die normalerweise mit Strafe geahndet werden, oder zumindest geahndet werden könnten, sind dagegen: nachweisbar, zeitlich faßbar, meßbar. Eine Absicht steckt dahinter, ein Motiv ist auffindbar - in jedem Krimi ist das so (vgl. Tabelle 1). Kurz: die psychologischen Hindernisse für ein moralisch gutes Betragen sind vielfältigst. Sie sind auflistbar.

Noch etwas Fleisch um das Gerippe dieses letztgenannten Unterschieds: Schäden ungewiß. Beispiel Gentechnologie. „Gentechnik ist notwendig und sittlich geradezu geboten, um die Schöpfung vor Zerstörung zu retten." So schreibt der renommierte Biologie-Professor Hubert MARKL im SPIEGEL (27. 11. 95), und dieser Naturwissenschaftler ist einer von denen, die viel von der Natur wissen und auch für sie kämpfen. Dennoch diese Aussage. Das macht mich stutzig. Gentechnik als offenbar wieder mal ambivalentes Vorhaben? Jedenfalls wird es schwer fallen, diese biotechnischen Möglichkeiten nicht Wirklichkeit werden zu lassen. Außer der Neugier, der Lust, Schöpfer sein zu können, bereits investiertem Geld in Forschung und Markt, außer diesen Faktoren gibt es einen, der von altersher kommt und massiv als Hindernis wirkt: es sind die Menschheitsträume. Die Geschichte der Mythen, der Märchen und Sagen, der Malerei und Baukunst hält einen Vorrat für neue Figuren, neue Lebewesen bereit, und der zeigt, daß wir damit an Tiefenschichten der menschlichen Wünsche rühren, die nicht von Pappe sind.

Weil ich auf Bilder für den Transport von Gedanken vertraue, habe ich einige ausgewählt: Kombinationen zwischen Menschen und Tieren, zwischen Menschen und Pflanzen, Tieren und Pflanzen, überdimensionierte Tiere, minimalisierte Menschlein. Alle sind schon in der Phantasie erschienen, und die Verlockungen, die Faszinationen sind groß, solche oder doch ähnliche Figuren real herzustellen.

Eine Schatztruhe für Gentechnikers Traumwelt sind die Bilder von Hieronymus BOSCH (1450 - 1516). Bereits die Surrealisten zu Beginn unseres Jahrhunderts haben sich auf BOSCH bezogen und auf die Tradition der Phantastischen Malerei. André BRETON, einer der entscheidenden Begründer, meint in seinem „Surrealistischen Manifest" von 1924:

„Unter der Flagge der Zivilisation, unter dem Vorwand des Fortschritts ist es gelungen, aus dem Geist alles zu verbannen, was Aberglaube, Wunder oder Hirngespinst ist (...). Dabei ist die Gesamtheit der Träume nicht geringer als die Gesamtheit der Wirklichkeitsvorstellungen (...). Es herrscht der absolute Rationalismus, (...). Nur die Phantasie läßt mich erkennen, was sein kann, und das genügt, um den furchtbaren Bannfluch etwas zu lockern."

Die von BRETON mit „Hirngespinst" bezeichneten Figuren hat BOSCH in die Kunst transportiert und so eine unterschwellig mächtige Kraft sichtbar gemacht: gentechnische Urtriebe. Bei seinem großen Tryptichon mit dem Titel „Der Heuwagen" hat er die Eitelkeit der Welt symbolisch veranschaulicht, das Beliebige und Habgierige der getriebenen Menschen teilt er mit, entlang dem flämischen Sprichwort: „Die Welt ist ein Heuhaufen und jeder nimmt davon, so viel er fassen kann."

Teils Tier, teils Mensch ziehen die Gestalten ihren voll gepackten Wagen, schleppen sie ihre Last auf dem gemeinsamen Weg zur Hölle. Denn dahin führt dieser raffende Gang, und die Mischwesen zeigen an, daß sich die Menschen allmählich in höllische Dämonen verwandeln, in das Böse. Sie überrollen einige wahrhaft Menschliche, überfahren einen Mann, der mit einem Heiligenschein am Boden liegt.

Gegen Ende der Lebensfahrt, auf dem rechten Flügelbild, sind die Lebewesen zu Schreckbildern verzerrt, die letzte Stufe des Falles der ewig rennenden Menschheit. Ein Ruinenturm wird gebaut und der Maurer trägt statt eines Kopfes einen Hut mit Schnurrhaaren. Eine grüne Echse mit Rattenkopf schleppt Mörtel, die Bäume brennen und aus dem Turm wird ein Schacht. Wie Franz KAFKA sagt: „Wir graben den Schacht von Babel" als Umkehrung des vermeintlich glorreichen Turmbaues. Aber nicht diese Katastrophe ist unser Thema, sondern die Bildwerdung des Bösen durch Kombination verschiedener Lebewesen. Das Herandrängen von Inbildern, die einem menschlichen Schöpfertrieb entspringen und mit der göttlichen Schöpfung selbstherrlich schalten und walten. Technisch-instrumentell.

In einem anderen großen Tryptichon von BOSCH läßt sich unsere heutige Lage noch direkter sinnbildlich erfassen: „Die Versuchung des Heiligen Antonius." Antonius - so überliefert es die Legende - war ein reicher Jüngling im 2. Jahrhundert nach Christus. Er wird als „Vater des Mönchtums" verehrt. Er hatte all seinen Reichtum den Armen gegeben und sich in die Wüste zurückgezogen. Dort wurden seine frommen Überzeugungen durchkreuzt und immer wieder geprüft durch das Auftreten dämonisch verlockender Kräfte des Bösen. Und diese malt BOSCH abermals in Zwitterwesen, in manipulierten Naturgestalten: Ein Schweinskopfmann grinst mit der Eule, dem Untergangsvogel, auf dem Kopf; ein gequälter Mensch hockt im Bauch eines Vogels, der wie ein Fisch gestaltet ist und darüber geht gentechnisiert eine riesenhafte Ratte. Eine Baumfrau erscheint und ekelhafte Figuren zelebrieren die Schwarze Messe. Der Heilige Antonius aber widersteht, mit nachdenklichstem Blick, nicht einmal gequält, sondern eher wissend und weise bleibt er standhaft gegen die höllischen Versuchungen. Er bewahrt sich vor dem Bösen durch die Festigkeit seines Glaubens.

Und wir Heutigen? Ohne Glauben? Ohne verbindliche Werte? Ohne bewahrende Ethik? Die allerorten eingeklagte Verantwortung gegenüber der außermenschlichen Natur nimmt sich dünn aus, blut- und emotionsleer gegenüber dem Antonius-Glauben.

In einer fast unabsehbaren Folge von Bildern könnten wir uns die phantastischen Vorstellungen ansehen und zur Kenntnis nehmen, daß unsere Tiefennatur dem Einsatz für die übrige Natur massiv entgegenwirkt.

Gentechnik hat viel mit Unmoralität zu tun, mit einem unerlaubten Eingriff, mit Anmaßung und Übertretung unserer Befugnisse. Und die rationalen Pro-Argumente, die medizinischen, ernährungstechnischen, diejenigen, die sogar Tier- und Pflanzenarten erhaltende Gründe nennen, sind ergänzbar mit den unserer Natur angehörenden Zwängen der Phantasie! Sie alle stehen den Unterlassungsgeboten im Wege. Daher sind die Konflikte unausweichlich, und die Öko-Ethik hat, wo wir auch hindenken, einen schweren Stand.

Es tut mir leid. Das Thema dieses Minimal-Vortrages waren vor allem Hindernisse. Die anthropozentrische Lebensweise, die nur indirekten und motivationslosen Schäden und das labyrinthische Arsenal von Phantasievorstellungen - alles macht den Teig einer ökozentrischen Ethik nicht gerade locker. Und dennoch: der Pfeil des Humanen wird abgeschickt werden müssen - mit Ihrer aller Hilfe.

„Macht euch die Erde untertan"?

Ein theologischer Beitrag zum Verständnis und zur Überwindung der Umweltkatastrophe

von Ulrich Duchrow

„Untertan" - dieses altmodische Wort im Titel dieses Beitrags bezieht sich auf die Lutherübersetzung eines Verses der Schöpfungsgeschichten der Bibel: „Macht euch die Erde untertan!" Es empfiehlt sich, den Text als ganzen zur Kenntnis zu nehmen. Ich wähle die Übersetzung aus dem Genesis-Kommentar von Claus WESTERMANN (1967, S. 108):

> „Und Gott sprach: Laßt uns Menschen machen nach unserem Bilde, uns ähnlich! Sie sollen herrschen über die Fische im Meer und über die Vögel am Himmel und über das Vieh und über alle ‚wilden Tiere' und über alles Gewürm, das auf der Erde sich regt. Und Gott schuf den Menschen nach seinem Bilde, nach dem Bilde Gottes schuf er ihn, als Mann und Frau schuf er sie. Und Gott segnete sie, ‚indem er sprach': Seid fruchtbar und mehrt euch und erfüllt die Erde und macht sie euch untertan! Herrschet über die Fische im Meer und die Vögel am Himmel und über alles Lebendige, das sich auf Erden regt! Und Gott sprach: Hiermit übergebe ich euch alle samentragenden Pflanzen auf der ganzen Fläche der Erde und alle Bäume, an denen samentragende Baumfrüchte sind, sie sollen euch zur Nahrung dienen. Dagegen allen Tieren der Erde und allen Vögeln des Himmels und allen Kriechtieren auf der Erde, (allem) was Lebensatem in sich hat, (gebe ich) alles Gras und Kraut zur Nahrung. Und es geschah so. Und Gott sah alles, was er gemacht hatte, und es war sehr gut. Und es ward Abend, und es ward Morgen, der sechste Tag" (1 Mose 1, 26-31).

Dieser Text ist in der Geschichte so ausgelegt worden, daß er die Ausbeutung der Erde durch die Menschen rechtfertigt. Ich gehe darauf in drei Schritten ein:

1. Widerlegung dieses Mißverständnisses im biblischen Kontext,
2. Geschichte des Mißbrauchs der Bibel als Vorgeschichte unserer Probleme,
3. Alternative Ansätze zum Umdenken und Umsteuern im Kontext der Studie „Zukunftsfähiges Deutschland".

1. Was heißt „Macht euch die Erde untertan" und was heißt es nicht?

Zwei Vorbemerkungen: Erstens, dieser Bibeltext spricht nicht nur von der Erde und den Menschen, sondern das erste Subjekt ist Gott. Wir werden später darüber nachdenken müssen, was das im säkularisierten Europa der Neuzeit und der Gegenwart bedeutet. Jedenfalls ist es von diesem Text her notwendig, im biblischen Kontext und auch im Blick auf spätere Zeiten immer drei Beziehungsgrößen miteinander ins Verhältnis zu setzen: Menschenbild - Weltbild - Gottesbild.

Zweitens, dieser Text ist Teil der sog. Priesterschrift, eines Textes, der in die „fünf Bücher Mose" (Pentateuch) eingearbeitet ist. Die Anfänge dieser Schrift reichen bis in die Zeit des babylonischen Exils zurück. Dorthin hatten die siegreichen Babylonier die Oberschicht des Königreiches Juda deportiert, nachdem sie die Hauptstadt Jerusalem 586 v. Chr. vollkommen zerstört hatten. Abgeschlossen wurde die Priesterschrift nach der Rückkehr der Exilierten unter medisch-persischer Herrschaft. Der Text ist also im Kontext einer Auseinandersetzung mit babylonischer und persischer Königskultur entstanden.

Nun zum Text selber. Als Teil eines Schöpfungsberichts verweisen seine Aussagen auf die ursprüngliche Schöpfungsabsicht Gottes. Noch ist die Tatsache nicht berücksichtigt, daß die Menschen der Sünde nachgeben, sich von Gottes guten Absichten trennen, so die unheilvollen Folgen des Bösen in die Schöpfung einführen, die die Priesterschrift später „Gewalttat" und „Verderbtheit" nennt.

Gott erschuf die Menschen nach seinem Bild und als Mann und Frau. Der Mensch wird also als Abbild Gottes verstanden. Schon daraus wird deutlich, daß nicht eine ausbeutende, zerstörerische Herrschaft gemeint sein kann, da Gott im biblischen Kontext als liebender Vater, als Versöhner, als mit-leidender und als befreiender Gott mit seinen Kreaturen dargestellt wird. (Dies ist anders in griechisch-hellenistischen Vorstellungen. Diese denken Gott als unbewegt, ohne Emotionen, nicht leidend, sondern absolut herrschend oder/und der moira, dem Schicksal, unterworfen.)

Wichtig ist auch, daß der Auftrag an den Menschen Teil eines Segenswortes ist. Zum Abschluß lesen wir: „Es war sehr gut" - im Rahmen der gesamten Schöpfung, die Gott mit seiner Geisteskraft aus dem Chaos schafft. Der Ausdruck „die Erde untertan machen" ist vom Bild des Bauern genommen, der durch den Acker unter seinen Füßen Furchen zieht.

Das „Herrschen" über die Tiere knüpft an die Funktionen des Königs an. Die ägyptisch-babylonische Königsideologie, die auch in der israelitischen Königszeit - mit zusätzlichen „demokratisierenden" Elementen versehen - Geltung hatte, geht vom heilvollen Herrschen des Königs aus.[1] Neuzeitliche Vorstellungen von absoluter, ausbeutender Herrschaft sind damals undenkbar - und insbesondere undenkbar als Ausdruck des ursprünglichen Schöpfungswillens Gottes.

Man kann die Gegenprobe machen, indem man fragt: wie beurteilt die Priesterschrift die reale Situation der Menschen in ihrer Beziehung zur Erde, nachdem die Menschen begonnen haben, der Sünde nachzugeben? Am Anfang der Sintflutgeschichte faßt die Priesterschrift den Zustand der durch die Sünde zerrissenen Schöpfung zusammen:

> „Aber die Erde war verderbt (phtheiro) vor Gott, und angefüllt war die Erde von Gewalt (chamas). Da sah Gott auf die Erde, und siehe, sie war verderbt (phtheiro); denn alles Fleisch hatte seinen Wandel verderbt auf Erden. Da sprach Gott zu Noah: Das Ende alles Fleisches ist bei mir beschlossen, denn die Erde ist angefüllt mit Gewalt von den Menschen her" (1 Mose 6,11-13).

In der Sache völlig parallel zur „Sündenfallgeschichte" von 1. Mose 3 wird hier die *Verderbtheit* der Erde vom Menschen her als ‚*Gewalt*' bezeichnet. Die Lutherbibel übersetzt: ‚Frevel'. Das hebräische Wort chamas bedeutet präzise ‚Gewalttat', ein emphatisch-lautmalendes Wort, das Bruch und Zerstörung bezeichnet. Der Text gibt uns an dieser Stelle keine Auskunft darüber, was er genau unter Gewalt versteht. Ein Vergleich mit dem ebenfalls priesterlichen Text in 1. Mose 1 (*bevor* chamas die Erde angefüllt hatte) und mit 1. Mose 9 (dem Zustand *nach* der Flut) erläutert den Gewaltbegriff von 1. Mose 6. Dabei ist daran zu erinnern, daß am Ende der großen Flut der Mensch gleich bleibt, die Gewalt auf der Erde ebenfalls, Gott sich aber ändert: „Ich will hinfort nicht mehr die Erde verfluchen um des Menschen willen, der böse ist von Jugend auf."

---

1 J. ASSMANN nennt dies „vertikale Solidarität (ASSMANN 1990).

(8,21) Wenn wir also die Gottesworte an Noah und seine Familie in 9,1-7 mit den Gottesworten an Adam, die Menschheit, in 1. Mose 1 vergleichen, dann muß sich aus der Differenz beider Texte ergeben, wie der Gewaltbegriff der Priesterschrift inhaltlich gefüllt ist. Zunächst wird in 1. Mose 9 der Segen über die Menschen erneuert: „Seid fruchtbar und mehret euch und füllt die Erde!" Dann wird das Verhältnis zwischen Mensch und Tier neu und gegenüber 1. Mose 1 unterschiedlich geregelt: „Furcht und Schrecken vor euch (Menschen) sei über allen Tieren; in eure Hände sind sie gegeben." Das heißt: Jetzt herrscht Krieg zwischen Mensch und Tier. Der Schrecken, der über den Tieren ist, ist der Gottesschrecken des Heiligen Krieges; und „in eure Hände gegeben" ist die Siegerformel, mit der Gott den Israeliten den Sieg zum Beispiel über die Philister schenkt.

So sieht die Gewalt aus. Konsequent wird dann in 9,3 die Fleischnahrung freigegeben: „Alles, was sich regt und lebt (alle Tiere), das sei eure Speise; wie das grüne Kraut habe ich's euch alles gegeben." Der letzte Satz verweist uns bewußt zurück auf 1. Mose 2,29, wo wir gehört haben: „Siehe, ich habe euch Menschen gegeben alle Pflanzen auf der Erde und alle Bäume mit Früchten zu eurer Speise." Der christlichen Auslegung ist ganz selten bewußt geworden, daß die nachsintflutliche Fleischernährung des Menschen und das damit verbundene Töten von Tieren von der Bibel als Aspekt einer Gewalt gesehen wird, die nicht mit dem ursprünglichen Schöpfungsplan Gottes übereinstimmt.

Daß die Gewalt auf der Erde in 1. Mose 9 zuerst am Verhältnis Mensch - Tier, also ökologisch, wie wir heute sagen, erläutert wird, spricht Bände. Das Alte Testament steht noch in dem Bewußtsein der engen Verbundenheit des Menschen mit der Gesamtschöpfung. Die Fleischernährung, die uns Gott als Konzession macht, ist ein wichtiger Aspekt der Gewalt des Menschen gegen die außermenschliche Schöpfung.

Diese Auslegung wird durch die Fortsetzung des Textes in 1. Mose 9,4 bestätigt. Es folgt das sogenannte Blutgebot: „Allein esset das Fleisch nicht mit seinem Blut, in dem sein Leben ist!" Sowohl die jüdische als auch die islamische Auslegung des Alten Testaments haben sich an dieses Gebot gehalten und damit auch das Bewußtsein für die Gewaltübung beim Fleischessen wachgehalten.

Das Blutgebot meint: Das Blut, der Ort der Lebenskraft eines Lebewesens, soll nicht zerstört werden. Das Blut soll der Erde zurückerstattet werden, damit sie - wie in 1. Mose 1,24 - aufs neue tierisches Leben hervorbringen kann. Der menschlichen Gewalt, die Gott toleriert, werden damit deutliche Grenzen gesetzt. Mit der Tötung der Tiere soll deren Reproduktionsfähigkeit - wie wir heute sagen - nicht zerstört werden, wenn schon Einzelexemplare einer Art getötet werden müssen.

In einer Zeit, in der wir Menschen weltweit vor dem Ende dieses Jahrhunderts 500 000 Pflanzen- und Tierarten unwiederbringlich ausgerottet haben werden, spricht die Bibel eine deutliche Sprache. Tiertötung und die damit vollzogene Gewalt ist uns von Gott zugestanden, soweit sie für die Fristung unseres Lebens notwendig ist, („zu eurer Speise"). Darüber hinaus soll die Gewalt aber nicht gehen. Gewalteindämmung heißt das Gebot für die Menschen.

Nachdem in 1. Mose 9 die auf die Ökologie bezogene Gewalt besprochen ist, wendet sich die Priesterschrift der Regelung sozialer Gewaltverhältnisse zu (9,6). Wichtig ist, daß die soziale Gewalt (Kain und Abel) erst in zweiter Linie behandelt wird; die ökologische Gewalt genießt Priorität - so ernst wird sie genommen.

Die Gewalteindämmung gegenüber den Tieren als dem Teil der außermenschlichen Schöpfung, der uns Menschen am nächsten ist, wird in der Gesetzgebung des 3. und 4. Buches Mose breit entfaltet, so wie die soziale Gewalt durch die Zehn Gebote und das 5. Buch Mose eingedämmt wird.

Das Neue Testament nimmt diese Sicht der Dinge voll auf - entgegen der landläufigen Meinung, die Frage der Schöpfung käme im Neuen Testament nur am Rande vor. In den Seligpreisungen spricht Jesus gerade denen den Besitz des Erdreiches zu, die „sanftmütig", d. h. ohne Gewalt sind (Matthäus 5,5). Vor allem aber ist der neutestamentliche Text zu nennen, in dem 1. Mose 6,11-13 direkt aufgenommen wird: Römer 8,18ff.

Am Anfang der priesterlichen Sintflutgeschichte wird dreimal feierlich betont, daß die Erde ‚verderbt' sei. Dasselbe Wort, das sich hier in der griechischen Übersetzung des Alten Testaments findet - phtheiro -, taucht öfter beim Apostel Paulus auf und speziell in der für die

Schöpfung zentralen Passage in Römer 8, 19-22. Vers 21: „Auch die Schöpfung wird von Gott befreit werden aus der Sklaverei des Verderbens zu der herrlichen Freiheit der Kinder Gottes."

Luther übersetzt mit ‚Vergänglichkeit', aber Paulus, der die griechische Fassung des Alten Testaments im Kopf hatte, wie viele Zitate beweisen, erinnert mit dem Wort ‚Verderben' bewußt an den Anfang der Sintflutgeschichte. Dort war das Verderben der Gewalt (durch den Menschen) auf die Erde gekommen; jetzt verkündigt Paulus die reale Hoffnung, daß die ganze Schöpfung von genau diesem Verderben der Gewalt durch Gott befreit werden wird. Eine Schöpfung ohne Tränen, ohne Tod, ohne Leid, Geschrei und Schmerz (Offenbarung 21) wird das sein, was wir von Gott erhoffen. Die Hoffnung auf die Befreiung aus der Gewalt gilt nicht nur für die Menschen, sie gilt für die ganze Schöpfung, für die Tiere, die Steine, das Gras, für die Sterne, für die Moleküle - darin sind sich die Römerbriefausleger heute einig.

Wenn Gott diese Befreiung der Gesamtschöpfung aus der Gewalt vollendet hat, dann ist die Schöpfung wie der verlorene Sohn in den Schoß des Vaters zurückgekehrt. Bis dahin aber leben wir noch in der Gewaltwelt, die Geschöpfe und auch wir Menschen. Trotz der gebotenen Gewalteindämmung leidet und seufzt die ganze Schöpfung mit uns, das Leiden der außermenschlichen Schöpfung ist die Folge der menschlichen Gewaltausübung gegen sie.

Wir Menschen bilden nach Paulus eine Leidensgemeinschaft mit der Schöpfung, aber auch eine Sehnsuchts- und Hoffnungsgemeinschaft. Ebensowenig wie im Alten Testament wird auch bei Paulus der Mensch in die Schöpfung nivelliert - bei aller Betonung der Gemeinsamkeiten. Der Mensch, genauer: die mit Gottes Geist begabten Menschen unterscheiden sich dadurch von der außermenschlichen Schöpfung, daß die ganze Schöpfung auf die Herrlichkeit der Kinder Gottes wartet.

Als Fazit der bisherigen biblischen Überlegungen kann man im Blick auf menschliches Handeln mit und an der Schöpfung, im Blick auf ‚Schöpfungsethik' folgenden Satz formulieren:

Gott der Schöpfer schenkt uns Menschen die Möglichkeit, unsere Gewalt gegen die außermenschliche Schöpfung einzudämmen und zu reduzieren:

- im Noah-Bund mit allen Geschöpfen, der Gottes Treue zu seiner Schöpfung verbürgt,
- in Jesus Christus, in dem die Versöhnung und Heiligung aller Schöpfung realisiert ist,
- und durch den Heiligen Geist, durch den Gott Leben, Hoffnung und die Verheißung letzter Freiheit in die Schöpfung gibt.

Sigurd BERGMANN, (1995, S. 315ff) hat daraus vier Kennzeichen einer ökologischen Befreiungstheologie entwickelt:

1. Die Naturgeschöpfe sind im biblisch-theologischen Kontext als Mit-Subjekte, nicht als Objekte, zu betrachten. Z. B. wird über Erde, Himmel, Tiere und Pflanzen gesagt, daß sie Gott loben (Psalm 19).

2. In den biblischen Traditionen genießen die Armen theologischen und erkenntnistheoretischen Vorrang. Gott hört ihr Schreien (2. Mose 3) und befreit die Sklaven aus der Hand der Ägypter. So werden auch die Schmerzensschreie (Seufzer) der Schöpfung in Römer 8 wahrgenommen und in Gottes Befreiungshandeln einbezogen. Daß Gott in allen Dimensionen befreit und Recht schafft, ist der rote Faden durch die Bibel.

3. Befreiung sowohl im Sozialen wie im Ökologischen ist vieldimensional zu sehen. Armut hat viele Seiten und Gesichter: Wirtschaftlich gesehen ist arm der Gegenbegriff zu reich, soziologisch gesehen steht Arbeit dem Kapital gegenüber, geographisch betrachtet haben wir den Nord-Süd-Gegensatz, sexistisch ist der Gegensatz Mann - Frau, ethnisch gesehen stehen sich weiß und schwarz gegenüber, kulturell Herrschende und Beherrschte. Ebenso ist auch der Konflikt Mensch - Natur vieldimensional: ökonomisch, ökosystemisch, klimatologisch, geopolitisch, etc.

4. Die gesellschaftlichen Befreiungsprozesse sind in Verschränkung mit den evolutionären Naturprozessen wahrzunehmen (als Bewegung in einer gemeinsamen Zeitlichkeit).

Ehe wir daraus die positiven Konsequenzen für heute ziehen, ist es nötig, die Vorgeschichte aufzuklären, die zu den Fehlentwicklungen der westlichen Zivilisation geführt hat.

2. Die Geschichte der Verkehrung des Bibelwortes

Wenn man von Leiden und Gewalt in der Schöpfung Gottes spricht, so setzt man sich in unserem rationalistischen Kulturkreis immer wieder dem Vorwurf aus, man rede von der außermenschlichen Schöpfung oder der Natur unzulässig anthropomorph. Leiden der Schöpfung, Gewalt gegenüber der außermenschlichen Schöpfung, das seien unzulässige Übertragungen von im Sozialbereich verifizierbaren Phänomenen auf den Bereich der Natur und auf das Verhältnis der Menschen zur Natur.

Dieser Vorwurf ist nur auf dem Hintergrund der scharfen neuzeitlichen Trennung zwischen Mensch und Natur plausibel. Deshalb ist die Voraussetzung für das Verständnis der ökologischen Krise als Leiden der Schöpfung die Aufhebung der scharfen Trennung zwischen Mensch und Natur - der Trennung, die bisher in der Theologie genauso wie in den Naturwissenschaften gilt.

Diese scharfe Trennung, die sich nur im abendländisch-westlichen Kulturkreis findet, ist in ihrem Beginn datierbar: Sie findet sich voll ausgearbeitet bei René DESCARTES, dem philosophischen und naturwissenschaftlichen Begründer der Neuzeit, in dessen Unterscheidung von res cogitans (Geist) und res extensa (Materie), aus der später die Unterscheidung von Subjekt und Objekt geworden ist. Nach dieser Theorie, die der neuzeitlichen Naturwissenschaft und Technik und unserem gesamten Lebensstil zugrunde liegt, ist nur das Denken des Menschen Subjekt, nur der Mensch kann fühlen, erfahren, zweifeln; die Objektwelt - zu der die gesamte Schöpfung außerhalb des menschlichen Denkens gehört, auch der Leib des Menschen - ist letztlich gefühllos, erfahrungsunfähig und tot. Tiere und folgerichtig auch unser menschlicher Leib werden als Maschinen betrachtet.

Mit der Trennung von Mensch und Natur verband sich eine Bewertung, die nur dem Menschen wirklich Eigenwert beimaß; die Objektwelt war ohne Eigenwert, ihr Wert bestimmte sich nur aus ihrem Nutzen für den Menschen. DESCARTES: Der Mensch ist Herr und Besitzer der Natur;

die Kräfte des Windes, des Feuers, des Wassers und der Erde sollen wir uns nutzbar machen.

Diese Trennungstheorie setzte sich aufgrund ihrer Verwendungsfähigkeit für wirtschaftliche und politische Herrschaft - trotz einiger Einsprüche z. B. von LEIBNIZ - fatalerweise in der Technik bis heute durch. Sie ist ein wichtiger Grund der ökologischen Katastrophe.

Inzwischen ist an vielen Stellen erkannt worden, daß die Spaltung der Welt in Subjekte und Objekte nicht der Weisheit letzter Schluß sein kann. Philosophen wie Alfred North WHITEHEAD oder Martin HEIDEGGER haben gezeigt, daß auch in der Objektwelt Empfinden, Subjektives zu finden ist und daß die Subjekt-Objekt-Trennung eine besondere Konstellation des Seins-Prozesses verabsolutiert.

In der modernen Quantentheorie der Physik wurde durch die Thesen BOHRS, HEISENBERGS und VON WEIZSÄCKERS klar, daß auch in den exaktesten Naturwissenschaften bestimmte subjektive Grundentscheidungen eine grundlegende Rolle spielen. Theoretisch ist heute klar, daß Geist und Materie nicht getrennt existieren, ja daß ihre Unterscheidung oft sinnlos ist. Aber unsere Naturwissenschaft, Technik und Industrie funktionieren noch nach dem alten, in der Herrschaft über die Natur so erfolgreichen Schema.

Wie steht es auf diesem Hintergrund mit der Frage, ob das biblisch-theologische Deutungswort „Gewalt" der heutigen Wirklichkeit gemäß ist? Wenn die Antwort ja lautet, dann wäre die Konsequenz, daß das Tun der heutigen Wissenschaftler, Techniker und Ingenieure, unser Lebensstil und das Grundgerüst unserer technischen Kultur im Kern als von Gewalt gegen das Leben der Schöpfung geprägt zu verstehen ist.

An dieser Stelle zucken nun besonders Naturwissenschaftler, aber auch Wirtschaftsleute stets zurück, weil eine solche Bewertung ihres Tuns und unseres Lebensstils insgesamt sehr ungewohnt ist. Sie verstehen ihre wissenschaftliche und technische Arbeit und unsere auf ihrer Arbeit beruhende Lebenswelt als wertneutral und deshalb auch nicht als gewalttätig.

„Ethisch" bedeutsam werden für sie die Dinge erst in den Händen der Anwender. Meist werden hier die Politiker genannt. Diese hartnäckige Meinung von der „Wertneutralität" der Technik, Wissenschaft und

Wirtschaft muß zurückgewiesen werden. Werner HEISENBERG, Carl Friedrich VON WEIZSÄCKER, Günter HOWE, Georg PICHT und viele andere haben wiederholt darauf hingewiesen, daß die Begründer der neuzeitlichen Naturwissenschaft und Technik, wie z. B. René DESCARTES und Francis BACON, sich über den Macht- und Gewaltcharakter der neuzeitlichen Naturwissenschaft und Technik völlig im klaren waren.

Macht und Gewalt sind übrigens hier nahe beieinander: Macht, das heißt „die Fähigkeit, das zu tun, was ich tun will", ist die Voraussetzung jeder Ausübung von Gewalt. „Gewalt ist die Manifestation von Macht". Es sei auch angemerkt, daß im Deutschen der Begriff der Gewalt nicht nur negativ ist. Gewalt vereinigt in sich das, was im Englischen als power und violence differenziert werden kann. Dem entspricht die biblische Einsicht, daß die Eindämmung von Gewalt oft nicht anders als durch andere Gewalt erfolgen kann; solche Gewalt dient dann dem Schutz von Leben gegen andere Gewalt. Dies gilt - wie sich noch zeigen wird - auch für die Gewalt gegen die Natur.

Zunächst aber soll an einem Beispiel gezeigt werden, daß der Macht- und Gewaltcharakter im technisch-wissenschaftlichen Verhalten des Menschen gegenüber der Natur von Anfang dieser Entwicklung an wohl bewußt war. Francis BACON unterscheidet in seinem 1620 erschienenen „Neuen Organon der Wissenschaften" drei Stufen menschlichen Macht- und Gewaltstrebens: Die erste niedrigste Stufe ist „seine eigene Macht in seinem Vaterlande geltend zu machen", Innenpolitik; auf der zweiten Stufe soll „das Ansehen und die Gewalt des Vaterlandes unter anderen Nationen erweitert" werden, Außenpolitik; das höchste und vornehmste Machtstreben ist aber „die Macht und Herrschaft des menschlichen Geschlechtes über die Gesamtnatur". Diese menschliche Machtergreifung über die Natur erfolgt durch Wissenschaft und Technik (Novum organon I, § 129).

Klaus Michael MEYER-ABICH interpretiert: Auf der ersten Stufe, innerstaatlich, haben wir in einer mühsamen Geschichte gewaltarme Formen des Konfliktaustragens gefunden, das an Rechtsregeln gebundene staatliche Gewaltmonopol; auf der zweiten Stufe, in den internationalen Verhältnissen, sind wir noch lange nicht soweit; und Gewalt üben wir nach wie vor auf der dritten Stufe, in der Herrschaft über die natürliche Mitwelt (MEYER-ABICH 1984, S. 136; 197 ff).

Deshalb hat man immer vom Siegeszug der Technik gesprochen; deshalb ging es um die Unterwerfung und Ausbeutung der Natur. Wir verkennen dabei nicht, daß die Natur für den Menschen die längste Zeit seines Daseins auf der Erde bedrohlich und angsterregend war und daß es deshalb durchaus bis in die heutige Zeit hinein Gründe gibt, sich gegen die Natur auch mit Gewalt zu wehren - zur Fristung des menschlichen Lebens. Aber in der ökologischen Krise erleben wir, daß wir Menschen den Krieg gegen die Natur vorläufig gewonnen haben, daß die Natur unserer Gewalt leidend und zerstört erliegt, daß ökologische Systeme wie etwa der Wald partiell vom Zusammenbruch bedroht sind.

Am Anfang dieses Weges stand der Wille zur Macht über die Natur. Wissen ist Macht, so formulierte BACON. Und Carl Friedrich VON WEIZSÄCKER bestätigt das, wenn er sagt (1960, S. 172): „Das Denken unserer Wissenschaft bewährt sich erst im Handeln, im geglückten Experiment. Experimentieren heißt Macht über die Natur ausüben."

Nicht ohne Grund ist die Zeit der beginnenden Wissenschaft und Technik auch die Zeit des beginnenden Kolonialismus. Der Gewalt über die Natur entspricht die Gewalt gegen die „Naturvölker", die Indios, die Indianer, die Schwarzen. Nicht ohne Grund hatte der englische Lordkanzler BACON auch die Hexenprozesse unter sich mit ihrer Foltergewalt gegen Frauen. Die Gewalt gegen die Mutter Erde ging in eins mit der Gewalt gegen diese Frauen. Wenn BACON formuliert, daß man die Natur auf die Folter spannen und ihr ihre Geheimnisse abpressen müsse, dann ist die Herkunft dieser Gewaltsprache deutlich.

Wir haben durch Arbeitsteilung heute die unmittelbaren Gewaltakte gegen die Natur weit von uns weggeschoben. Wer denkt beim Schnitzel auf seinem Teller an die Gewalt der Schlachthöfe? Wer kann in der sauber-weißen Schaltwarte eines Kraftwerks ermessen, wieviel Gewalt ein Knopfdruck entfesseln kann? Wem ist schon klar, daß der Druck auf das Gaspedal eines Autos ein Stück Gewalt gegen die Natur ist? Vermutlich müssen wir uns das ungeheure Maß von Gewalt, auf dem unsere wissenschaftlich-technische Lebenswelt aufgebaut ist, verschleiern, sonst würden wir verrückt.

Wie dem auch sei. Hier sollte nur knapp angedeutet werden, daß es durchaus keine willkürliche Deutung ist, wenn gesagt wird, daß die naturwissenschaftlich-technische Basis unseres Lebensstils auf viel Gewalt beruht, und daß es daher berechtigt ist, auch unsere Lebenswelt gerade im Zeitalter der ökologischen Krise in den biblischen Gewaltbegriff einzuzeichnen. Die Unterschiede sind nur graduell, nicht prinzipiell.

Die Legitimierungen neuzeitlicher gewaltsamer Naturbeherrschungen durch DESCARTES und BACON sind weitgehend bekannt. Weniger bekannt ist die Rolle John LOCKES. Sein Ziel ist es, das individuelle (private) Eigentumsrecht zum Zwecke der Akkumulation durch Kapitalisierung zu rechtfertigen und zu propagieren. In seiner Zweiten Abhandlung über die Regierung (1690) ist seine Argumentation kurz zusammengefaßt folgende: Gott hat den Menschen nicht nur die Erde gegeben, sondern den Auftrag, sie zu unterwerfen, d. h. nach LOCKE, sie sich als Eigentum anzueignen und sie zu gebrauchen (nach Gen 1,26-28).

Das geschieht durch Arbeit und Fleiß auf der einen und durch Verbrauch auf der anderen Seite. So war zunächst für alle Menschen soviel da, wie sie bearbeiten und verbrauchen konnten. Dies war entsprechend auch ihr Privateigentum. Durch das Geld, mit dessen Einführung offenbar alle Menschen einverstanden waren, kamen sie überein, daß es durchaus nützlich für alle sei, wenn einzelne mehr Land durch nicht verderbliches Geld ansammeln könnten, vorausgesetzt, daß sie von dem Ertrag nichts verderben ließen, sondern es durch Handel weitergäben. Dadurch werde ja nur mehr für die Menschen erwirtschaftet (Zweite Abhandlung, 5. Kapitel, § 47).

> „So kam der Gebrauch des Geldes auf, einer beständigen Sache, welche die Menschen, ohne daß sie verdarb, aufheben und nach gegenseitiger Übereinkunft gegen die wirklich nützlichen, aber verderblichen Lebensmittel eintauschen konnten."

BINSWANGER faßt die Thesen LOCKES treffend zusammen (1982, S. 100):

> „Das Geld, von dem hier die Rede ist, ist offensichtlich nicht das Geld, das dem bloßen gegenseitigen Austausch von Überschüssen dient, sondern das Geld, mit dem man auch Boden und andere Produktionsmittel kaufen kann und das somit den Boden bzw. die anderen Produktionsmittel in

einen Geldwert (Kapital) verwandelt, aus dem ein Geldertrag (Gewinn) erzielt wird. Der Geldwert des Bodens bzw. anderer Produktionsmittel ist dann der kapitalisierte Geldertrag. Das Vordringen der Geldwirtschaft führt zu einer Umwertung des Eigentums im Sinne der Kapitalisierung desselben und damit zu einer Änderung der Wertgesetze, die ja letztlich auf der Eigentumsordnung aufbauen. Die Folge ist eine Konzentration von Eigentum an nicht vermehrbaren Ressourcen wie dem Boden. Sie ist aber auch - wenn man die Ansichten Lockes auf die wirtschaftliche Entwicklung der industriellen Revolution richtig überträgt - die Besitznahme von immer mehr Rohstoffen und Energie, deren Verbrauch jährlich erhöht werden kann, solange die Vorräte nicht erschöpft sind. Zur Konzentration tritt dann eine allgemeine Vermehrung des Besitzes hinzu. Das Geld beeinflußt somit sowohl die Verteilung wie das Wachstum des Sozialprodukts. Dabei ist entscheidend, daß dieser Konzentrationstendenz bzw. dieser Tendenz zur Vermehrung des Besitzes als solcher keine Grenzen gesetzt sind."

Den Zins erklärt LOCKE aus der ungleichmäßigen Verteilung des Geldes (ebd., S. 11):

„Mein Geld ist in der Lage, im Handel dem Kreditnehmer, wenn er sich entsprechend einsetzt, einen Ertrag von mehr als 6 zu erbringen, ebenso wie der Boden mit Hilfe der Arbeit des Pächters einen Erntewert erzeugen kann, der größer ist als die Rente."

BINSWANGER faßt zusammen (ebd., S. 11):

„Zins ist also, das wird hier ganz deutlich, ebenso wie die Rente nichts anderes als die Teilhabe am Gewinn des Händlers bzw. des Pächters. Dieser Gewinn erklärt sich aber (...) aus dem Grundcharakter der Erwerbs- und Handelswirtschaft, die LOCKE seinen Überlegungen zugrundelegt. Das heißt: Der Zins ist ebenso wie der Gewinn eine monetäre Größe. Er setzt die Kapitalisierung der Waren im Handel wie die Kapitalisierung des Bodens in der Landwirtschaft voraus, d. h. die Warenlager wie der Boden erscheinen primär unter dem Aspekt ihres Geld- bzw. Kapitalwerts und nur sekundär unter demjenigen ihres Gebrauchswertes oder ihrer natürlichen Produktivkraft."

Erst die Verbindung der Technik als Naturbeherrschung mit der Definition der Wirtschaft als Geldvermehrungswirtschaft bringt das typische neuzeitliche Gemisch der Gewalt gegen die Natur hervor, das uns vor immer unlösbarere Probleme stellt. Beherrschen und besitzen in einem absoluten und grenzenlosen Sinn sind also der innerste Kern der neuzeitlichen wissenschaftlich-technischen Geldvermehrungswirtschaft, mit dem wir bei der Suche nach Lösungen zu tun haben.

Normalerweise begegnet man diesem Phänomen mit politisch-ökonomischen Vorschlägen, wenn es darum geht, mit den Folgen der Neuzeit umzugehen. Die Frage ist aber, ob das ausreicht. Wir haben eine Situation vor uns, die nicht einfach manipulierbar ist. Vielmehr haben sich Technik, Wissenschaft und Markt verselbständigt, vereigengesetzlicht, verabsolutiert. Sie treten den Menschen als feindliche, zerstörerische Mächte gegenüber, die sich ohne Alternative, also als schicksalhaft darstellen.

Susan GEORGE hat dies in einer bemerkenswerten Studie am Beispiel der Weltbank dargestellt (GEORGE u. a. 1995). Sie greift folgenden Satz des lateinamerikanischen Befreiungstheologen Julio de SANTA ANA auf (1992, S. 20):

> „Die Gesetze des Marktes...werden als transzendent betrachtet, sie (durchlaufen) einen Prozeß soziologischer Sakralisierung: Sie erhalten nicht nur einen höheren Status, sondern man kann tatsächlich nicht mehr an ihnen rühren, wie an den Naturgesetzen."

Daraus folgert sie:

> „Die unsichtbare Hand des Marktes verfolgt, wie Gott selbst, geheimnisvolle Wege. Wer das leugnet oder, schlimmer noch, versucht, sie aufzuhalten, tut das auf eigene Gefahr.
>
> In einem Szenario wird der Missionar durch den neoklassischen Ökonomen ersetzt; der Entwicklungsexperte vermittelt zwischen der entwickelten und der unterentwickelten Welt wie der Priester zwischen dem Göttlichen und dem Weltlichen. Er hilft den Unterentwickelten, den langen Pfad einzuschlagen, der zur Rettung führt. Dieser Pfad ist mühsam und beschwerlich und nichts für Verzagte.
>
> Schuldentilgungen sind eine Art Opfer oder Tribut; die Strukturanpassungsmaßnahmen, die sicherstellen, daß die Schulden auch in Zukunft zurückgezahlt werden können, fungieren als eine Art rituelle Reinigung durch Darbringen von Opfern. Wie im Fundamentalismus ist nur eine Interpretation der Heiligen Schrift erlaubt. Vorschläge für einen anderen Weg der Anpassung werden von ihren Verfechtern als gefährlich, unrealistisch oder irrelevant abgelehnt.
>
> Wenn die unsichtbare Hand, wie das Göttliche, außerhalb der Kontrolle einfacher Sterblicher liegt, wenn der Weg zur Erlösung Opfer und Buße

erfordert, dann kann keine menschliche Behörde und erst recht kein Individuum für die Folgen der Marktoperationen zur Verantwortung gezogen werden.

Die Heilige Schrift kann lediglich verkündet, verwaltet und bekräftigt, aber nicht verändert werden. Aufgabe des Missionars ist es, die Schrift gegenüber den Nationen zu interpretieren, aber auch für sie zu kämpfen."

Aus alledem folgt: Wir haben es nicht mit rein wissenschaftlich-technischen Problemen zu tun. Es reicht aber auch nicht aus, das Problem zusätzlich als ein psychologisches oder Bewußtseinsphänomen zu qualifizieren. Vielmehr müssen wir fragen: wer oder was gilt und funktioniert als Gott in einer Gesellschaft? Dies mag im Ursprung eine menschliche Erfindung oder Projektion sein. Aber indem es sich gesellschaftlich inkarniert, tritt es dem Menschen als pseudo-objektiv Unveränderliches, Machtvolles gegenüber, das absoluten Gehorsam fordert.

Karl BARTH, als Theologe die Katastrophen der ersten Jahrhunderthälfte reflektierend, hat diesen Vorgang in seiner neuzeitlichen Gestalt in seiner letzten Vorlesung 1961 auf brillante Weise unter dem Stichwort der „herrenlosen Gewalten" analysiert (BARTH 1976, S. 363ff; vgl. PLONZ 1995). Was heißt das?

Die „die Menschheit plagende, zerrüttende und verwüstende Not" der Ungerechtigkeit hat ihre Wurzel genau in jener menschlichen Abwendung von dem „Gott mit uns" zum eigenen Herrsein-wollen. Er möchte gern „herrenlos" sein. Es geht ihm aber wie dem Zauberlehrling in Goethes Gedicht: die Geister, die er rief, kann er bald nicht mehr beherrschen. Sie beherrschen ihn. Die Rebellion gegen Gott löst die „Rebellion der zu herrenlosen Gewalten sich erhebenden menschlichen Kräfte gegen den Menschen selbst (...)" aus (BARTH 1976, S. 366). Das heißt, es sind menschliche Kräfte, obwohl sie sich als Götter oder Schicksale aufspielen. Die Schwierigkeit dabei ist, daß sie sich anonym geben, so daß Menschen immer nur mythologisierend von ihnen reden.

BARTH nennt sie die *Absolutismen*. Sie sind nur pseudo-objektiv, entfalten aber eine höchst wirksame Macht. „Sie sind die wahren Stützen nicht nur, sondern Motoren der Gesellschaft" (ebd., S. 368). Sie sind „die eigentlichen Faktoren und Agenten menschlichen Fortschritts, Rückschritts und Stillstands in Politik, Wirtschaft, Wissenschaft, Technik und Kunst, aber auch der Evolutionen und Hemmungen des ganz persönlichen Lebens des einzelnen Menschen". Schon hier zeigt sich also klar: die Gottesfrage ist keine Bewußtseinsfrage, sondern eine Machtfrage - die Machtfrage.

Ein besonderes Problem liegt darin, daß sich diese herrenlosen Gewalten in der europäischen Neuzeit hinter einem rational-wissenschaftlichen Weltbild verbergen, das die Beschäftigung mit ihnen als irrational diskreditiert. Gerade so können sie sich hinter sog. Eigengesetzlichkeiten tarnen. Es geht deshalb im Namen des gnädigen, versöhnenden Gottes um „die gnädige Entlarvung, Begrenzung, Überwindung und schließlich Aufhebung dieser uns (...) beherrschenden Absolutismen" (ebd., S. 373). Anders ausgedrückt: es geht um Religionskritik an sich rational gebenden herrenlosen Gewalten. Das ist der Grund, warum reine politische und wirtschaftliche Aktivität diesen Gewalten nicht gewachsen ist, warum das Gebet um das Kommen des Reiches Gottes selbst den Kampf um menschliche Gerechtigkeit begleiten muß.

Welche Absolutismen gibt BARTH als Beispiele? Er nennt ihrer vier:
- politische Absolutismen,
- wirtschaftliche Absolutismen - Mammon,
- Ideologien,
- chthonische, d. h. erdbezogene Absolutismen.

Es ist kein Wunder, daß BARTH an erster Stelle den *politischen Absolutismus* nennt. Denn die entscheidende Zeit seines Lebens hatte er mit der Dämonie des Politischen in der Gestalt des Hitlerfaschismus zu kämpfen. Aber er definiert sie allgemeiner: als die Macht, die sich vom Recht löst, und als jede politische Gestalt, die sich als Imperium, als Reich, etabliert. So kann er das Römerreich, gegen das sich die Apokalypse Johannis, Kap. 13, stellt, mit der neuzeitlichen Form von Machtstaat verbinden, die zuerst in Thomas HOBBES' Leviathan entfaltet wurde. Zu seiner Zeit war noch nicht deutlich, daß auch nach dem Sturz des Faschismus der Westen von der Ideologie der nationalen Sicherheit beherrscht werden würde.

Aber den eigentlichen heutigen Absolutismus nimmt er bereits als Herrschaft des *Mammon* wahr (ebd., S. 378ff). Dieses Wort redet nach BARTH von „zu einem seiner höchst mobilen Dämonen gewordenen materiellen Eigentum, Besitz und Vermögen" (ebd., S. 378). Die

Doppeldeutigkeit des Wortes „Vermögen" zeigt genau dieses an: das von Gott gegebene gute Vermögen des Menschen als Mittel zum Zweck der Sicherung des Lebensunterhalts wird durch die Loslösung des Menschen von seinem Schöpfer und Versöhner zum Selbstzweck eines Dings in dessen eigener Wichtigkeit, Hoheit und Würde. In harmloser Form oder in großem Maßstab gewinnt es Gewalt über ihn.

Kern dieses vom Mittel zum Zweck pervertierenden Vermögens ist das Geld (ebd., 380ff.) Es ist der symbolische Wert als Anweisung auf Gebrauchsgüter. Durch seine Eigenschaft im gegenwärtigen Banksystem, „ohne sein weiteres Zutun in stiller, angenehmer Vermehrung durch Zins und Zinseszins" zu wachsen, übt es eine „milde oder auch wilde Faszination" auf den Menschen aus (ebd., 382).

„Geld, das ebenso flexible wie mächtige Instrument, das, vermeintlich vom Menschen gehandhabt, in Wirklichkeit seiner Eigengesetzlichkeit folgend, ebensowohl auf tausend Wegen Meinungen, ja Überzeugungen begründen und andere unterdrücken wie brutale Tatsachen schaffen kann - jetzt eine Konjunktur zum Steigen, jetzt dieselbe zum Fallen bringt, jetzt eine Krise aufhält, jetzt eine solche auslöst, jetzt dem Frieden dient, aber mitten im Frieden schon kalten Krieg führt, den blutigen vorbereitet und schließlich herbeiführt, hier allerlei vorläufige Paradiese, dort ihnen nur zu entsprechende vorläufige Höllen schafft. Es müsste nicht so sein, daß es das alles kann. Es kann aber das alles und tut es auch: gewiß nicht das Geld als solches, aber das Geld, das der Mensch zu haben meint, während es in Wahrheit ihn hat, und zwar darum hat, weil er es ohne Gott haben will und damit das Vakuum schafft, in welchem es, an sich eine harmlose, ja brauchbare Fiktion, zum absolutistischen Dämon und in welchem der Mensch selbst dessen Sklave und Spielball werden muß. Also: Mammon, keine Realität, und doch eine, und was für eine! Und nicht abzusehen, was daraus würde, wenn Mammon sich etwa auch noch mit dem anderen Dämon, Leviathan, dem politischen Absolutismus zusammenfinden, schlagen und vertragen sollte!"

Und genau dies ist das gegenwärtige System des Neoliberalismus: Undemokratische internationale politische Institutionen wie der Internationale Währungsfonds (IWF), Weltbank und die sieben größten Industriestaaten (G7) zwingen die ganze Welt in den Weltmarkt, der so totale Bedeutung erhält. Aber bevor wir uns diesem zentralen Problem zuwenden, noch rasch einen Blick auf BARTHS weitere Absolutismen.

47

Die *Ideologie* ist durch mehrere Merkmale gekennzeichnet. Aus einer Idee wird ein -ismus. Ein Schlagwort ersetzt eine differenzierte Betrachtungsweise. Propaganda gehört schon zum Tier aus dem Abgrund (römischer Staat) in der Johannesapokalypse, Kap. 13. Heute heißt sie: „Advertising helps it happen". Le Monde diplomatique vom Mai 1995 bezeichnet als die drei neuen Herren der Welt: transnationale Finanzen und business vereint mit den transnationalen Medien (N. N. 1995, vgl. auch KORTEN 1995).

Sehr wichtig für die ökologische Frage ist BARTHS vierter Absolutismus: die *chthonischen herrenlosen Gewalten*. Nach Gen 1,28 soll der Mensch die Erde zu seiner Lebenswelt gestalten. Aber der Mensch ist nur solange Herr der Natur, wie er Gottes guten, lebenserhaltenden Zwecken dient. „Entläuft er ihrem Dienst, dann verliert er eben damit auch die ihm zustehende Herrschaft" (ebd., S. 389). Indem er die Erdkräfte automatisiert, treten sie ihm als Roboter gegenüber. BARTH gibt hier als Beispiele die Technik, die Mode, den Sport, das Vergnügen, den Verkehr an.

Gegen diese „herrenlosen, in und mit des Menschen Abfall von Gott losgelassenen, dann ihn beherrschenden, zwischen ihn und Gott hineintretenden, ihn ohne und wider sein Wissen und Wollen treibenden Gewalten" aufzustehen, ist dem Christen geboten (ebd., S. 396f):

> „Die Unordnung, die der Mensch, indem er jene Gewalten entfesselt, verschuldet, unter der er aber, indem sie sich als stärker erweisen als er, auch zu leiden hat - die Unordnung, angesichts derer er auf das Erbarmen unseres Vaters im Himmel, auf seine Anrufung angewiesen, eben damit aber auch ihr nach dem Maß seines Vermögens zu widerstehen aufgerufen ist."

Denn diesen herrenlosen Gewalten ist gemeinsam, daß sie unmenschlich und widermenschlich sind und die Menschen zerstören, wenn ihnen nicht Einhalt geboten wird. Sie entzweien und entfremden den Menschen und zerreißen die Gesellschaft durch ihre Konkurrenzmechanismen. Sie würden mit ihrem reißenden Strom der Ungerechtigkeit die Menschheit schon zerstört haben, stünde ihnen nicht der unerschütterliche Damm des Reiches Gottes entgegen. Mit ihnen kann es keine Versöhnung geben (ebd., S. 358). Sie sind der Gegensatz zum versöhnenden Gott. Leider jedoch sind die Großkirchen bis heute nicht eindeutig in der Benennung und Bekämpfung dieser „herrenlosen Gewalten".

Wie müßte man mit dem Umsteuern einer naturzerstörenden wissenschaftlich-technischen Geldvermehrungswirtschaft umgehen unter Berücksichtigung solcher Tiefenschichten der Probleme?

3. Folgerungen für eine ökologisch-soziale Handlungsstrategie?

Diese Vortragsreihe und Veröffentlichung steht im Zusammenhang mit der Wuppertaler Studie „Zukunftsfähiges Deutschland". Diese behandelt unser Thema vor allem unter den Stichworten „neue Leitbilder" und „neue Lebensstile". Für Unternehmer schlägt sie zyklische statt lineare Produktionsprozesse vor, für die Regierung eine grüne Marktagenda im Sinn ökologisch-sozialer Rahmenbedingungen, für den Markt und für die Konsumierenden eine andere Vision vom glücklichen und guten Leben.

Positiv daran ist, daß hier das Experimentieren mit Alternativen im Kleinen verbunden wird mit ökonomischen und politischen Maßnahmen. Was da im einzelnen vorgeschlagen wird, ist in vielen Hinsichten anregend, erwägenswert, sollte ausprobiert werden usw.

Das Problem ist nur, daß die Studie, mit einem Wort, idealistisch ansetzt. Sie appelliert an die (langfristige) Einsicht aller Akteure. Sie erspart sich die harte ideologiekritische und politisch-ökonomische - und d. h. im Sinn der vorangehenden Überlegungen theologische Analyse. Sie fragt nicht, wer oder was gilt und funktioniert als Absolutum, als Gott in der globalen kapitalistischen Wirtschaft. Sie erwähnt wohl die aus der Kontrolle geratenen Finanzmärkte, kaum jedoch die transnationalen Konzerne und überhaupt nicht die internationalen Wirtschaftsinstitutionen der Reichen - IWF, Weltbank und G7 - die im Auftrag der Marktakteure Mensch und Natur den Strukturanpassungen an eine rein auf Geldvermehrung ausgerichtete Wirtschaft unterwerfen. Einmal abgesehen davon, daß die Studie die Probleme des Südens und Ostens ausblendet, übersieht sie völlig, daß die Unterwerfung unter die Logik des rein auf Geldvermehrung ausgerichteten Weltmarkts längst auf Europa und Deutschland übergegriffen hat. Das Hineinzwängen Europas in die

Konvergenzkriterien der Währungsunion ist die bisher letzte Stufe der Einführung von Strukturanpassungsprogrammen für die Länder dieses Kontinents. Massenarbeitslosigkeit und soziales wie ökologisches Dumping sind die notwendigen Folgen dieser Politik. Die Studie mag noch so viele Detailvorschläge (durch)bringen - die globalen Rahmenbedingungen und die Unterwerfung unter diese werden die Gesamtentwicklung weiter in die ökonomische, soziale und ökologische Katastrophe treiben.

Darum haben soziale Bewegungen wie KAIROS EUROPA eine Strategie entwickelt, die wir Doppelstrategie nennen (vgl. DUCHROW 1994):

• Mit den Alternativen im Kleinen muß Verweigerung und Religionskritik des Systems Hand in Hand gehen. Der Absolutsetzung des Weltmarkts als Schicksal muß widersprochen werden. Es ist eine Katastrophe, daß in Deutschland auch die Oppositionsparteien nichts Besseres wissen, als sich auf die Konkurrenz der Standorte einzulassen. Bei diesem Modell gewinnt nur das Kapital. Menschen und Natur verlieren. Dagegen hilft nur das klare „Nein" und die Prioritätssetzung auf lokale, ökologisch nachhaltige Wirtschaft verbunden mit:

• Wiedergewinnung von politischen Steuerungsinstrumenten gegenüber der Wirtschaft. Die bestehenden Institutionen (nationale Gewerkschaften und Regierungen) reichen gegenüber der globalisierten Wirtschaftsmacht nicht aus. Die bestehenden internationalen Institutionen sind von den Regierungen der Reichen total und diktatorisch bestimmt (IWF, Weltbank, G7). Entscheidend ist die Entwicklung von neuen durchsetzungsfähigen globalen politischen Institutionen. UNRISED (United Nations Research Institute for Social Development) hat für den Weltsozialgipfel die inzwischen entwickelten Vorschläge knapp zusammengefaßt (UNRISED 1995, S. 170f):

1. Neue globale Wirtschafts- und Entwicklungsinstitutionen unter Kontrolle der UNO
2. Stärkung bestehender UNO-Einrichtungen
3. Demokratische Kontrolle der Bretton-Woods-Institutionen IWF und Weltbank
4. Globale Umverteilungsmechanismen

5. Internationale Finanzierungsquellen wie z. B. die globale Energie- und Spekulationssteuer, um zu verhindern, daß die Großmächte weiter die UNO durch Verweigerung oder Verzögerung von Beitragszahlungen manipulieren und schwächen können.
6. Eine Weltzentralbank mit einer neuen, machtunabhängigen internationalen Währung wie sie schon KEYNES in Bretton-Woods 1944 vorschlug.

Es ist klar, daß die Kapital und Macht kontrollierenden Kräfte auf diesem Globus sich mit aller Gewalt gegen solche Leben und Gerechtigkeit fördernden Vorschläge zur Wehr setzen. Diese Vorschläge werden erst dann eine Chance auf Verwirklichung haben, wenn es den sozialen und ökologischen Bewegungen gelingt, weitsichtige politische Minoritäten, die eine demokratische sozial-ökologische Wirtschaftsdemokratie anstreben, durch Mobilisierung von betroffenen Menschen mehrheitsfähig zu machen. Das wird nicht durch eine unstrukturierte Öffentlichkeit gelingen. Denn diese ist von den Medien in der Hand der Kapitalakteure fast total desinformiert und manipuliert. In Kairos Europa scheint uns der beste Weg, Bündnisbildung auf allen Ebenen zu sein.

- Wir entwickeln Austausch und Bündnisse mit Hilfe eines Handbuchs über wirtschaftliche und finanzielle Alternativen im Kleinen (das 1996 erscheinen soll).
- Wir organisieren Austausch zwischen Kommunalen Bündnissen gegen den Sozialabbau, für lokale Agenden 21 im Rioprozess, für kommunale Nord-Süd/Ost-West-Partnerschaften, für lokales und nachhaltiges Wirtschaften.
- Wir rufen zu europaweiten Kampagnen im Zusammenhang der Neuordnung des internationalen Finanzsystems auf, zuletzt anläßlich der Europäischen Währungsunion.[2]

Die Alternative zum derartigen Umsteuern ist: die Totalkatastrophe wie beim Zusammenbruch der klassisch liberalen Periode in der großen Weltwirtschaftskrise und zwei Weltkriegen am Anfang dieses Jahrhunderts. Wie damals die Faschisten sind auch heute die rechten Demago-

---

2 Vgl. zum Ganzen DUCHROW 1996, mit Kontaktadressen S. 64 ff.

gen auf dcm Vormarsch. Sie warten schon wie Geier auf das Aas des Neo-Liberalismus.

Besser als die Erde mit Hilfe der wissenschftlich-technischen Geldvermehrungswirtschaft „untertan" zu machen und sie zu zerstören wäre es, die Wirtschaft wieder den Menschen vor Ort und demokratisch politischen Institutionen, also dem Gemeinwohl gegenwärtiger und zukünftiger Generationen „untertan" zu machen.

Literaturverzeichnis

Assmann, J. (1990): Ma'at. Gerechtigkeit und Unsterblichkeit im Alten Ägypten. München

Barth, K. (1979 2. Aufl.): Das christliche Leben: Die Kirchliche Dogmatik IV/4. in: ders., Gesamtausgabe II, 7, Zürich

Bergmann, S. (1955): Geist, der Natur befreit: Die trinitarische Kosmologie Gregors von Nazianz im Horizont einer ökologischen Theologie der Befreiung. Mainz

Binswanger, H. C. (1982): Geld und Wirtschaft im Verständnis des Merkantilismus: Zu den Theorien von John Locke (1632-1704) und John Law (1671-1729). in: Studien zur Entwicklung der ökonomischen Theorie II, Berlin

Duchrow, U. (1994): Alternativen zur kapitalistischen Weltwirtschaft: Biblische Erinnerung und politische Ansätze zur Überwindung einer lebensbedrohenden Ökonomie. Gütersloh, Mainz

Duchrow, U. (1996): Versöhnung im Kontext von Nicht-Versöhnung: Bibelarbeiten, Analysen und praktische Beispiele zur II. Europäischen Ökumenischen Versammlung im konziliaren Prozeß für Gerechtigkeit, Frieden und Befreiung der Schöpfung (Graz 1997). Beilage zu Junge Kirche H. 3, Bremen

Duchrow, U., Liedke, G. (1982): Schalom - Der Schöpfung Befreiung, den Menschen Gerechtigkeit, den Völkern Frieden. Stuttgart

George, S., Sabelli, F. (1995): Kredit und Dogma, Ideologie und Macht der Weltbank. Hamburg

Korten, D. C. (1995): When Corporations Rule the World, San Francisco

N. N. (1995) Die neuen Herren der Welt. Le Monde diplomatique, Juni (deutsch als taz-Beilage)

Meyer-Abich, K. M. (1984): Wege zum Frieden mit der Natur. München

Plonz, S. (1995): Die herrenlosen Gewalten: Eine Relektüre Karl Barths in befreiungstheologischer Perspektive. Mainz

Santa Ana, J. de (1992): Sacralisation and Sacrifice in Human Practice. in: World Council of Churches, Commission of the Churches' Participation in Development, Sacrifice and Human Economic Life, Genf, S. 20

UNRISED (United Nations Research Institute for Social Development) (1995): The social effects of globalisation. London

von Weizsäcker, C. F. (1960 8. Aufl.): Zum Weltbild der Physik. Stuttgart

Westermann, Claus (1967): Biblischer Kommentar Altes Testament - Genesis. Neukirchen-Vluyn

Entwurf einer armuts- und ökologieorientierten Weltentwicklungspolitik

von Michael von Hauff *

1. Kritische Bestandsaufnahme der Entwicklungszusammenarbeit

Armut und Umweltzerstörung sind in vielen Entwicklungsländern die zentrale Herausforderung für die Entwicklungszusammenarbeit in den 90er Jahren. Das wird sich auch in der nächsten Entwicklungsdekade fortsetzen. In diesem Zusammenhang verschärfte sich die Diskussion über die Leistungsfähigkeit der nationalen und internationalen Entwicklungszusammenarbeit bereits in den 80er Jahren, die zu folgender Kontroverse führte: Einerseits wird Entwicklungszusammenarbeit grundsätzlich als schädlich bzw. kontraproduktiv abgelehnt. Andererseits wird Entwicklungszusammenarbeit gerade im Zusammenhang von Armut und Umweltzerstörung als notwendig und hilfreich eingeschätzt.

Die 80er Jahre zeichneten sich infolge der Verschuldungskrise durch die oft beschworene Theoriekrise und einen weit verbreiteten Entwicklungspessimismus aus (vgl. MENZEL 1992). Diese Position wird auch gegenwärtig noch häufig vertreten. Auf diesem Hintergrund erscheint es wenig erfolgversprechend, über einen Entwurf einer armuts- und ökologieorientierten Weltentwicklungspolitik nachzudenken. Andererseits bietet die gegenwärtige Situation die Chance eines Umdenkungsprozesses bzw. einer Neuorientierung in der entwicklungspolitischen Diskussion (vgl. V. HAUFF und KRUSE 1996, S. 49ff).

Der Brundtland-Bericht plädierte 1987 für eine neue Strategie der „dauerhaften", hier nachhaltig genannten Entwicklung (Sustainable Development) (vgl. HAUFF 1987). Das Konzept einer nachhaltigen Entwicklung hat in den letzten Jahren auch in der entwicklungspolitischen Dis-

---

* Für interessante Anregungen danke ich meiner Mitarbeiterin, Frau Dipl.-Volkswirtin Beate Kruse

kussion eine große Popularität erfahren und zu einem gewissen Grundkonsens geführt. Andererseits kann nicht übersehen werden, daß die Entwicklungspolitik heute stärker als in den drei Entwicklungsdekaden zuvor zu einem Randgebiet nationaler und internationaler Politik geworden ist. Ferner herrscht das neoliberale bzw. das neoklassische Paradigma u. a. in der Strukturanpassungspolitik des IWF und der Weltbank weiter vor.

Das entwicklungspolitische Ziel der Kohärenz, d. h. die Abstimmung der nationalen Außen-, Finanz- und Wirtschaftspolitik und der Außenwirtschaftspolitik mit der Entwicklungspolitik wird auch in Zukunft stark vernachlässigt werden. Die Gefahr, wonach die Kluft zwischen Konzepten einer nachhaltigen Entwicklung (z. B. Armutsbekämpfung, nachhaltiger Umweltschutz) und der realen Entwicklungspolitik immer größer wird, ist offensichtlich. Das zeigt sich besonders deutlich bei der Weltbank, die sich sowohl mit den Weltbankberichten als auch mit Grundsatzpapieren zu Partizipation etc. an der konzeptionellen Diskussion sehr qualifiziert beteiligt hat. Bei der Implementierung ist sie jedoch von den Ansprüchen der Konzepte noch weit entfernt. Ähnliche Phänomene lassen sich auch teilweise im Kontext bilateraler Entwicklungszusammenarbeit feststellen. Daher ist es wichtig, sich an dem Grundprinzip einer nachhaltigen Entwicklung zu orientieren: Es geht nicht um Symptombekämpfung, sondern um eine nachhaltige Veränderung bestehender entwicklungshemmender Ursachen in bezug auf Armut und Umweltzerstörung.

2. Armut und Umweltzerstörung als zentrale Probleme der Unterentwicklung

Armut und Umweltzerstörung weisen in Entwicklungsländern spezifische Strukturen und Dimensionen auf, die sich regional z. T. wesentlich unterscheiden. Nach einer kurzen Analyse der Armutssituation wird am Ende dieses Kapitels die Beziehung zwischen Armut und Umweltzerstörung kurz aufgezeigt.

Armut als Phänomen der intragenerationalen Ungleichverteilung läßt sich auf zwei Ebenen darstellen und analysieren:

- Nationale Ungleichverteilung zeigt die Verteilungsunterschiede innerhalb der Bevölkerung einzelner Entwicklungsländer auf. Sie kann anhand der Lorenzkurve, d. h. durch den Ginikoeffizienten[1] gemessen werden. Der Ginikoeffizient ist in vielen Entwicklungsländern deutlich höher als jener von Industrieländern. Das zeigt an, daß die Ungleichverteilung in Entwicklungsländern vielfach größer ist als jene in Industrieländern.

- Internationale Ungleichverteilung bezieht sich auf die Verteilungsunterschiede zwischen den einzelnen Ländern bzw. Regionen. Bezieht man dies auf die Verteilung der Armut nach Regionen, so ergibt sich folgendes Bild (vgl. Tabelle 1).

Tabelle 1: Wo die Armen leben und leben werden (Weltbank 1990)

Regionen	Bevölkerung unterhalb der Armutsgrenze (in %)		Zahl der Armen (in Mio.)	
	1990	2000	1990	2000
Südasien	49,0	36,9	562	511
Ostasien	11,3	4,2	169	73
Subsahara-Afrika	47,8	49,7	216	304
Nahost/Nordafrika	33,1	30,6	73	89
Lateinamerika[a]	25,5	24,9	108	126
Osteuropa[b]	7,1	5,8	5	4
Entwicklungsländer	29,7	24,1	1133	1107

[a] inkl. Karibik; [b] ohne die ehemalige UdSSR

Zu der Tabelle ist anzumerken, daß die Projektionen für das Jahr 2000 auf der Grundlage günstiger ökonomischer Annahmen erstellt wurden.

---

[1] Die Lorenzkurve gibt an, welcher Anteil der Bevölkerung welchen Anteil am Gesamteinkommen zur Verfügung hat. Der Verlauf der Lorenzkurve, und damit die Ungleichverteilung kann mittels des Ginikoeffizienten angegeben werden.

So ist gegenwärtig davon auszugehen, daß z. B. die Projektion für Süd-
asien nicht eintreffen wird, sondern daß die relativen Anteile von 1990
erhalten bleiben.

Betrachtet man längere Zeiträume, so zeigen z. B. die Analysen der
Weltbank und des Worldwatch Institutes, daß sich sowohl Änderungen
in der Entwicklung der Armutsbevölkerung als auch in ihrer Zusammensetzung vollzogen haben. In den 70er Jahren hat sich der Anteil der
Armutsbevölkerung an der Gesamtbevölkerung in vielen Entwicklungsländern verringert. Dagegen stiegen die absoluten Zahlen weiter an. In
den 80er Jahren wuchs besonders in den lateinamerikanischen Ländern,
aber auch auf dem afrikanischen Kontinent und in einigen Regionen
Asiens die Armutsbevölkerung sowohl relativ als auch absolut.

Die Zahlen liefern jedoch nur ein erstes ungenaues und eindimensiona-
les Bild über die Armutssituation in den einzelnen Ländern. Sie reflektieren lediglich die durch die Armutsgrenze bestimmte Einkommensar-
mut. Auf die Probleme der Messung von Armut und die Festlegung der
Armutsgrenze kann in diesem Kontext nur hingewiesen werden, obwohl hierdurch die Dimension der Armut maßgeblich bestimmt wird
(vgl. SAUTTER und SERRIES 1993). Über die Lebenslage der Armutsbevölkerung, d. h. über die vielfältigen Entbehrungen, die sie erleiden,
und über die zahlreichen Benachteiligungen und Diskriminierungen,
denen sie ausgesetzt sind, können anhand von Einkommensdaten noch
keine Aussagen getroffen werden.

Die Bestimmung von Armut folgt in diesem Zusammenhang zunächst
nur materiellen Gesichtspunkten. Armut wird hier als absolute Größe
definiert. Fragen der Ungleichverteilung bleiben ausgeklammert und die
Analyse der Armutssituation wird nicht in den gesamtgesellschaftlichen
Kontext eingebunden, so daß strukturelle Ursachen von Armut kaum
thematisiert werden. In Ländern, in denen eine extrem schlechte Versor-
gungslage für die Armutsbevölkerung vorzufinden und schon allein das
Überleben dieser Menschen gefährdet ist, muß auch die materielle Versorgung der Armutsbevölkerung und somit die Beseitigung von absoluter Armut prioritäres Anliegen der Armutspolitik sein. Diese absolute
Sichtweise darf jedoch nicht den Blick für strukturelle Armutsursachen
verstellen. Auf längere Sicht muß es in der Armutspolitik besonders

darum gehen, Armut relativ zu begreifen und systematische Ungleichheiten und Benachteiligungen abzubauen.

Hier ist die Armutsforschung gefordert. Sie weist jedoch bisher noch erhebliche Defizite auf, was besonders für die Entwicklung einer konsequenten Armutsbekämpfungsstrategie von Nachteil ist. Eine theoretische Fundierung von Armutsanalysen und damit von Armutsbekämpfungsstrategien ist schwierig und konnte bisher nur in Ansätzen geleistet werden (vgl. ØYEN 1992). Allein schon die inhaltliche Eingrenzung und Bestimmung des Begriffes Armut ist schwierig, da es darum geht, sowohl materielle als auch nichtmaterielle Aspekte angemessen zu berücksichtigen. Letztlich ist Armut auch nicht von subjektiven Einschätzungen und empfundenen Entbehrungen der Armutsbevölkerung zu entkoppeln, die wesentlich durch das gesellschaftliche Umfeld geprägt werden.

Analog zur begrifflichen Vielfalt von Armut gibt es deshalb verschiedene Armutskonzeptionen, die Armut zu erklären versuchen und unterschiedliche Faktoren für die Verursachung von Armut aufzeigen (vgl. RODGERS u.a. 1995). Zu berücksichtigen ist dabei, daß die möglichen Erklärungsansätze inhaltlich-konzeptionell und methodisch sehr stark voneinander abweichen können und deshalb auch verschiedene Armutsordnungen hervorbringen können (vgl. GLEWWE und VAN DER GAAG 1990). Es ist deshalb wichtig, den Erklärungswert der Ansätze und die Aussagefähigkeit von Zahlen zu kennen sowie Armutsanalysen als Grundlage für die Formulierung einer konsequenten Armutspolitik kontextspezifisch vorzunehmen bzw. zu interpretieren. Armut in Entwicklungsländern stellt sich mit Sicherheit anders dar als Armut, die mittlerweile auch in Industrieländern zunehmend zu verzeichnen ist.

In diesem Sinne geht es auch darum, sich verstärkt den Ursachen von Armut zuzuwenden. Hervorzuheben ist, daß sich die Ursachenanalyse häufig auf die endogenen Ursachenfaktoren beschränkt. Exogene Ursachenfaktoren wie Weltwirtschaftsstruktur, etc. werden in den Analysen kaum berücksichtigt. Dies ist aber im Zuge der sich gerade vollziehenden weltweiten politischen und wirtschaftlichen Umwälzungen zunehmend von Bedeutung. Die Transformation ehemals sozialistischer Staaten und damit die stärkere Orientierung an Marktgesetzen und Märkten und nicht zuletzt die zunehmende Globalisierung der Weltwirtschaft stellt die Armutsforschung vor besondere Herausforderungen. Eine Neuorientierung in der Armutspolitik ist gefragt. Sie muß auch konsequenter als bisher eingefordert werden.

Armut ist im wesentlichen eine Folge von Unterbeschäftigung und Arbeitslosigkeit. Einkommen ist zwar nicht die einzige, aber doch eine wichtige Determinante von Armut. In Zeiten, in denen die Selbstversorgungskapazität der Armutsbevölkerung im Hinblick auf zunehmende Landknappheit immer weiter abnimmt, wird die Erzielung von Arbeitseinkommen für die Existenzsicherung und Lebenslage entscheidend (vgl. LIPTON 1994). Die Überwindung von Armut ist deshalb im wesentlichen daran gebunden, inwieweit es möglich sein wird, für die Armutsbevölkerung dauerhafte und ausreichende Einkommensquellen zu erschließen bzw. ein soziales Netz für all diejenigen zu schaffen, die nicht oder nicht mehr zur Erwerbsbevölkerung zählen (vgl. WELTBANK 1990).

Das Geschehen auf den Arbeitsmärkten hat damit wichtige Rückwirkungen auf die jeweilige Armutssituation. Hier entscheidet sich auch, inwieweit Personen oder einzelne Gruppen nur vorübergehend in einer bestimmten Lebensphase oder dauerhaft von Armut betroffen und vom Arbeitsmarkt ausgeschlossen sind. In diesem Zusammenhang gibt es jedoch nur sehr begrenzt Strukturanalysen der Armut, aus denen hervorgeht, wie groß der Bevölkerungsanteil ist, der langfristig in Armut verharrt bzw. ob und in welchem Maße es Unterschiede der Betroffenheit einzelner Subgruppen gibt.

Es gibt beispielsweise konkrete Hinweise, daß Frauen aufgrund der Arbeits- und Lastenverteilung, des Erb- und Familienrechtes, der Einkommensverteilung, des ungleichen Zugangs zu Krediten und zum Bildungssystem auf dem Arbeitsmarkt diskriminiert sind und unter Armut besonders zu leiden haben bzw. sich aus Armut besonders schwer lösen können. (vgl. UNDP 1995, S. 39f) Hier sind weitere Analysen erforderlich. Die vielfältigen Arbeitsmarkt- und Armutsprobleme müssen somit simultan gelöst werden, wobei die Folgen der Globalisierung schwer zu bewältigen sind. Gleichzeitig liegen hier jedoch mögliche Ansatzpunkte für eine armuts- und ökologieorientierte Entwicklungspolitik, in deren Rahmen eine arbeitsintensivere und umweltschonendere Wirtschaftsweise ein größeres Gewicht erhalten und eine nachhaltige Existenzsicherung auch für die Armutsbevölkerung möglich ist.

Die Agenda 21 benennt zwar als Zielsetzung der Armutsbekämpfung, daß alle Menschen mit besonderer Vordringlichkeit in die Lage versetzt bzw. die Möglichkeit erhalten sollen, ihre Existenz nachhaltig zu sichern (vgl. Agenda 21). Diese Zielsetzung ist jedoch in der Regel schwer zu realisieren. Zum einen ist dies auf die oben aufgezeigten Defizite der Armutsforschung zurückzuführen. Zum anderen ist die Durchsetzung dieser Zielsetzung äußerst langwierig, weil es an die Umverteilung von Einkommen und Vermögen und damit auch an die Veränderung von Machtstrukturen gekoppelt ist. Dies bedingt erhebliche Widerstände der privilegierten Bevölkerungsgruppen gegen eine konsequentere Armutspolitik, obwohl dies aufgrund der Wechselbeziehungen zwischen Armut und Umwelt wiederum eine wesentliche Voraussetzung für die Beseitigung der Umweltprobleme in den Ländern der Dritten Welt darstellt, von denen letztlich die Gesamtbevölkerung betroffen ist.

Das Problem zunehmender Umweltbelastung bzw. -zerstörung wurde vielen Ländern der Dritten Welt durch die UN-Konferenz über Umwelt und Entwicklung (UNCED), in Rio de Janeiro 1992, besonders offensichtlich. Es ist jedoch keineswegs neu und wurde teilweise schon in den 70er Jahren aufgezeigt. In vielen Ländern der Dritten Welt gibt es eine spezifische Umweltbelastung bzw. -zerstörung, die sich von jener in Industrieländern abgrenzen läßt. In hochentwickelten Industrieländern ist Umweltzerstörung primär Folge der Maximierung von Produktion und Konsum. In Entwicklungsländern muß besonders die Armutsbevölkerung die Natur zum Überleben ausbeuten, auch wenn sie dadurch ihre langfristige Überlebenssicherung zerstört (vgl. DURNING 1992, S. 44ff). In Entwicklungsländern mit einer hohen Ungleichverteilung von Einkommen, Vermögen und Land kommt es jedoch häufig zu einer Überlagerung von reichtums- und armutsbedingter Umweltzerstörung.

Die Formen der armutsbedingten Umweltzerstörung lassen sich wie folgt abgrenzen, wobei es vielfach zu sich gegenseitig verschärfenden Effekten zwischen Armut und Umweltzerstörung kommt:

- *Armutsbedingtes Bevölkerungswachstum*: Auffällig ist, daß in vielen Entwicklungsländern die Armutsbevölkerung ein überdurchschnittlich hohes Bevölkerungswachstum aufweist. Hier ist das Bevölkerungswachstum in besonderem Maße umweltrelevant, da die knappen Umweltressourcen besonders intensiv genutzt werden müssen.

- *Armutsbedingtes Wirtschaften*: In der Landwirtschaft kommt es gerade bei den Kleinstfarmern zu einer Übernutzung kleiner Landparzellen. Aber auch der Handel bzw. die Produktion im informellen Sektor ist stark umweltbelastend. Auf der Grundlage der reinen Überlebenssicherung ist eine Internalisierung externer Effekte nicht möglich.

- *Armutsbedingte Unwissenheit*: Die Armutsbevölkerung in ländlichen Regionen ist häufig nicht ausreichend über ökologische Anforderungen informiert. Die Zerstörung über Monokulturen, Überweidung, traditionellen Wanderhackbau (Shifting Cultivation) verstärken die Umweltbelastung, die bei entsprechender Vermittlung ökologischer Anforderungen zumindest teilweise nicht eintreten müßten.

- *Armutsbedingte Ausbeutung von Tropenwäldern*: Sowohl die Rodung von Tropenwäldern zur Gewinnung von entsprechenden Hölzern als auch zur Gewinnung landwirtschaftlicher Nutzfläche erklärt sich aus der Sicht der betroffenen Bevölkerung aus der Notwendigkeit zur Überlebenssicherung. Es ist jedoch hinreichend bekannt, daß die Ausbeutung von Tropenwäldern ökologisch unsinnig bzw. gefährlich ist.

- *Ausverlagerung umweltgefährdender Produktion von Industrieländern in Entwicklungsländer*: Die Akzeptanz umweltbelastender Produktion und vielfach auch umweltbelasteter Arbeitsplätze in Entwicklungsländern erklärt sich aus dem hohen Bedarf an Arbeitsplätzen und einem Mangel an arbeitsrechtlichem Schutz der ArbeitnehmerInnen.

Einige wesentliche Umweltprobleme, die sich daraus ableiten lassen sind: Bodendegradation, extreme Luftverschmutzung in Ballungsgebieten, extreme Wasserverschmutzung, unzureichende Abfallentsorgung und ein Mangel an Lärmschutz. Die Beziehung von Armut und Umweltzerstörung ist dadurch gekennzeichnet, daß sie sich gegenseitig bedingen bzw. verschärfen (vgl. HARBORTH 1992, S. 44ff). Die Quantifizierung dieses Zusammenhangs ist schwierig. Nach Schätzungen von Jodi JACOBSON gab es Ende der 80er Jahre in Afrika, Lateinamerika und Asien etwa 10 Millionen Umweltflüchtlinge, von denen 8 Millionen wegen Verödung ihres Landes abwandern mußten (vgl. JACOBSON 1989, S. 95ff).

Weitgehend unberücksichtigt blieben bisher die exogenen Ursachenfaktoren armutsbedingter Umweltzerstörung. Wie zuvor schon aufgezeigt, erklärt sich das besonders damit, daß die exogenen Ursachenfaktoren der Armut in Entwicklungsländern stark vernachlässigt werden. Dies setzt sich bei der Analyse armutsbedingter Umweltzerstörung fort. Ferner ist es erforderlich, die Umweltzerstörung in der Dritten Welt in einen umfassenderen Zusammenhang der „Umweltzerstörung als Nord-Süd-Problem" zu analysieren (vgl. BRUCKMEIER 1994, S. 32ff). Daraus wird deutlich, daß die moralisierende Schuldzuweisung an die Dritte Welt davon ablenkt, daß die Maximen der Produktion und Konsumtion in den Industrieländern maßgeblich für die Verursachung von Umweltproblemen in Entwicklungsländern verantwortlich sind (vgl. GAUER u. a. 1987, S. 15ff). Daher ist zu fragen, ob es sich bei den zuvor aufgeführten Formen armutsbedingter Umweltzerstörung um Symptome oder Ursachen handelt. Hierzu sind regionalspezifische Analysen erforderlich, die zu gesicherten Erkenntnissen führen können.

3. Konzeptionelle Anforderungen an eine Weltentwicklungspolitik

Die Problemanalyse verdeutlichte, daß eine nachhaltige Weltentwicklungspolitik, insbesondere zur Verringerung oder gar Lösung der Armuts- und Umweltproblematik, nur dann möglich ist, wenn es gleichzeitig zu einer

- Verringerung der intragenerationalen Ungleichverteilung und
- Verringerung der Umweltzerstörung zugunsten der heutigen und zukünftigen Generationen (im Sinne einer intergenerationalen Gleichverteilung)

kommt. Die umwelt- und entwicklungspolitische Diskussion erhielt in diesem Kontext durch das Plädoyer für eine Strategie des „Sustainable Development" ein neues Leitbild. Die Vereinten Nationen beauftragten

1983 die „Weltkommission für Umwelt und Entwicklung (World Commission on Environment and Development)", die von der Norwegerin Gro Harlem Brundtland und dem Sudanesen Mansour Khalid geleitet wurde und sich aus 22 Mitgliedern aus den vier Kontinenten Afrika, Süd- und Nordamerika, Asien und Europa zusammensetzte. Nach vierjähriger Arbeit wurde 1987 der Brundtland-Bericht vorgelegt[2].

Im Mittelpunkt des Berichtes stehen die Anforderungen und Voraussetzungen für eine nachhaltige Entwicklung. Nachhaltige Entwicklung wird als Entwicklung definiert, die die Lebensqualität möglichst vieler heute lebender Menschen verbessert, ohne die Lebensqualität zukünftiger Generationen einzuschränken. Bemerkenswert in diesem Zusammenhang ist u. a., daß die Ursachenanalyse auch die Bevölkerungsentwicklung thematisiert. Das Problem des armutsbedingten Bevölkerungswachstums wird wie folgt eingeordnet (HAUFF 1987, S. 108):

> „Armut zieht hohe Bevölkerungswachstumsraten nach sich: Familien, in denen Einkommen, Beschäftigung und soziale Sicherheit unzureichend sind, brauchen Kinder, die zuerst arbeiten und später die alternden Eltern unterhalten."

Gleichzeitig wird jedoch kritisch angemerkt, daß jede weitere Person in einem Industrieland erheblich mehr konsumiert und erheblich mehr Druck auf die natürlichen Ressourcen ausübt als jede weitere Person in der Dritten Welt. Damit wird die relative Bewertung von Problemen deutlich, die ein wichtiges Anliegen des Berichtes ist.

Der Bericht enthält auch Lösungsvorschläge, die vielfach kritisiert wurden und damit auch zu einer Fortsetzung der Diskussion führten. So enthält beispielsweise die Strategie der Grundbedürfnisbefriedigung sowohl die Empfehlung, andere Formen zugunsten von Kleinbauern und Landlosen zu realisieren, als auch den konventionellen Vorschlag eines exportinduzierten Wirtschaftswachstums der Entwicklungsländer, um damit die Armut zu überwinden. Dies entspricht dem hinreichend bekannten Paradigma der Wachstumstheorie in der speziellen Ausprägung der „Theorie von aufholendem Wachstum" (HARBORTH 1993, S. 57). Eine weitere viel diskutierte Inkonsistenz bzw. ein ungelöstes Problem

---

2 Der ins deutsche übersetzte Brundtland-Bericht wurde von V. HAUFF herausgegeben (HAUFF 1987).

ist, daß auf der einen Seite zukünftige Entwicklung durch Verzicht und Bescheidenheit gesichert werden soll, andererseits wird eine wachsende Volkswirtschaft in den Industrieländern nach dem Prinzip der „Engine of Growth-Theory" als Voraussetzung für die Entwicklung einer globalen Ökonomie gesehen. Es ist hinreichend bekannt, daß es in der Kommission bei der Abfassung des Berichtes zu Kompromissen kam, die für Außenstehende zurecht als „Ungereimtheit" empfunden werden.

Die Rio-Konferenz 1992 führte erstmals zu der Forderung, die ökonomische Entwicklung unter den Vorbehalt der ökologischen Nachhaltigkeit zu stellen. Alles Wirtschaften und damit die Wohlfahrt im klassischen Sinne muß sich dementsprechend an den natürlichen Grenzen der Umwelt als Voraussetzung für den Fortbestand der Menschheit orientieren. Das führt zu der Frage, nach welchen Indikatoren der Rahmen festgelegt werden soll. Eine wichtige Voraussetzung hierfür ist ein Umweltindikatorensystem, mit dessen Hilfe der Umweltzustand und die Wechselwirkungen zwischen Umwelt und menschlichen Aktivitäten quantitativ beschrieben werden kann.

Die UNCED erhielt den Auftrag, ein Aktionsprogramm zu entwickeln, das unter dem Titel Agenda 21 auf der Konferenz von Rio de Janeiro von mehr als 170 Staaten als Aktionsprogramm für das 21. Jahrhundert verabschiedet wurde. In der Präambel der Agenda 21 werden Armut und Umweltzerstörung konkret thematisiert, wodurch auch hier der spezifische Stellenwert dieser Problembereiche deutlich wird. Die Agenda 21 enthält eine Vielzahl von denkbaren Lösungsansätzen für die Probleme der Entwicklungsländer, die von der Überwindung der Armut über die Beseitigung der Wasser- und Luftprobleme bis zur Anwendung der Biotechnologie und zum allgemeinen Technologietransfer reichen. Die Kosten für die Realisierung bzw. Umsetzung der Lösungsvorschläge werden auf etwa 600 Mrd. US$ jährlich veranschlagt. 125 Mrd. DM sollen durch die Industrieländer aufgebracht werden, indem sie ihre Zusage, 0,7 % des BSP für Entwicklungszusammenarbeit bereitzustellen, einlösen.

Diese Strategie wurde vielfach als einseitig und damit irrelevant kritisiert. Die entscheidende Frage ist, ob sich Umweltprobleme der Dritten Welt mit ökologischer Entwicklungshilfe - selbst wenn die Armutsprobleme eingeschlossen sind - lösen lassen, solange „der Norden" seinen eigenen ökologisch zerstörerischen Lebensstil nicht ändert. Es besteht ein wachsender Konsens, daß das Wirtschaftsmodell der Industriestaaten ökologisch für 7 bis 8 Milliarden Menschen nicht tragbar ist. In diesem Zusammenhang kam es vor allem durch die Studie „Zukunftsfähiges Deutschland - Ein Beitrag zu einer globalen nachhaltigen Entwicklung", die von BUND und Misereor an das Wuppertaler Institut für Klima, Umwelt und Energie in Auftrag gegeben wurde, zu einer intensiven Diskussion (vgl. BUND und Misereor 1996). Wesentliche Erkenntnisse aus diesem Diskussionsprozeß sind:

- Die hochentwickelten Industrieländer müssen unter sozialen und ökologischen Aspekten ihr Wohlstandsmodell grundsätzlich in Frage stellen und revidieren. Dieses bedeutet jedoch, daß ein neues attraktives Wohlstandsmodell entwickelt werden muß, damit es von den Menschen akzeptiert wird und sich demokratisch als Leitidee bzw. -bild durchsetzen läßt. Nur so kann auch für den Süden eine akzeptable bzw. glaubwürdige Alternative entstehen, die dort dann auch gefördert bzw. unterstützt werden kann.

- Eine armuts- und ökologieorientierte Weltentwicklungspolitik muß somit auf einer Doppelstrategie aufbauen: Einerseits geht es darum, ein neues bzw. alternatives Wohlstandsmodell zu entwickeln und anzubieten und andererseits muß die bilaterale bzw. multilaterale Entwicklungspolitik stärker auf Armutsbekämpfung und Umweltschutz ausgerichtet werden. Dazu gehört u. a. die Forderung, neue Umwelttechniken und eine dezentrale Energieversorgung, Müllverwertung und Müllverbrennungstechniken, moderne Klärwerke, etc. bereitzustellen.

- Ein weiteres Strategieelement muß auf eine Stärkung einer weltwirtschaftlichen Integration von Entwicklungsländern unter stärkerer Berücksichtigung des Umweltschutzes abzielen. Der drohende Konflikt zwischen Ökodumping versus Ökoimperialismus läßt sich nur dann vermeiden, wenn es gelingt, die „umweltpolitischen Kapazitäten", d. h. das Bewußtsein der Bevölkerung, Expertenwissen, die institutionelle Ausstattung und finanzielle Ressourcen für eine aktive betriebliche und gesamtwirtschaftliche Umweltpolitik etc. in den

Entwicklungsländern nachhaltig zu fördern (vgl. V. HAUFF 1996, S. 18ff).

Besonders die zuletzt genannte Forderung kann nicht primär von der World Trade Organization (WTO) geleistet werden, wie aus den Reformvorschlägen deutlich wird. Der umweltpolitische Handlungsspielraum in vielen Entwicklungsländern ist relativ gering. Handelsrestriktionen, die umweltpolitisch durchaus begründet sein mögen, können den „Trade-Gap" verschärfen und/oder ökologisch zu unerwünschten Effekten führen (vgl. WIEMANN 1992, S. 27). Daher wird der Erfolg internationaler umweltpolitischer Maßnahmen ganz wesentlich davon abhängen, ob in Entwicklungsländer verstärkt auch umweltfreundliche Produktionstechnologien exportiert werden und die „umweltpolitischen Kapazitäten" im Rahmen der nationalen und internationalen Entwicklungszusammenarbeit gestärkt werden.

4. Perspektiven einer armuts- und ökologieorientierten Weltentwicklungspolitik

Die Diskussion um eine Strategie der dauerhaften Entwicklung i. S. einer ökologisch orientierten Wirtschaft und Politik hat sich in den letzten Jahren erheblich ausgebreitet. Es entstanden sowohl in Industrieländern als auch in Entwicklungsländern neue Institutionen und Verordnungen zur Verstärkung des Umweltschutzes. Auch die verstärkte internationale Zusammenarbeit im Bereich des Umweltschutzes ist ein positives Indiz hierfür.

Es besteht jedoch weiterhin die Kontroverse, ob die Lebensbedingungen der Armutsbevölkerung mit oder auch ohne Wirtschaftswachstum zu verbessern sind. Während der Brundtland-Bericht die Empfehlung enthält, nachhaltige Entwicklung auf der Grundlage dauerhaften Wachstums zu realisieren, stellt besonders DALY als einer der vehementesten Wachstumskritiker dies in Frage. Er gibt zu bedenken, daß die menschliche Wirtschaft ein Subsystem eines begrenzten globalen Ökosystems ist, das nicht wächst. Wirtschaftswachstum kann daher nicht über lange Zeiträume durchgehalten werden. Für ihn ist „dauerhaftes Wachstum" ein „schlechter Witz" (vgl. DALY 1994, S. 54 ff).

Es gibt bisher keine ausdifferenzierte Strategie einer nachhaltigen Entwicklung, die "Unterentwicklung und Überentwicklung" simultan berücksichtigt. Sowohl der Brundtland-Bericht, die Agenda 21 als auch der Bericht "Zukunftsfähiges Deutschland" zeichnen sich durch einen weitgehenden Konsens über die Notwendigkeit eines neuen Paradigmas aus. Dies läßt sich an dem Beispiel des Zieles "Verringerung der CO_2-Emissionen" exemplarisch verdeutlichen. Unter Berücksichtigung der Tatsache, daß es in der ersten Hälfte des nächsten Jahrhunderts zu einer Halbierung von CO_2-Emissionen kommen muß, damit die Erwärmung der Erdatmosphäre nicht außer Kontrolle gerät, ergibt sich folgendes Bild (vgl. Tabelle 2).

Tabelle 2:   Stand und Ziel der CO_2-Emissionen 1990 und 2050 (KURZ 1995, S. 273)

	Gesamt-emissionen	Pro-Kopf-Emissionen IL	Bevölkerung der IL	Pro-Kopf-Emission EL	Bevölkerung der EL
1990	20 Mrd. t	16 t	1,0 Mrd.	1 t	4,0 Mrd.
2050	10 Mrd. t	1 t	1,5 Mrd.	1 t	8,5 Mrd.

Auffällig ist, daß 1990 die pro Kopf Emissionen von CO_2 in Industrieländern im Verhältnis zu Entwicklungsländern 16:1 betrug. Unter Berücksichtigung des Bevölkerungswachstums muß es bis zum Jahr 2050 zu einem Verhältnis von 1:1 kommen, um nicht die natürliche Absorptionsgrenze der Meere, Regenwälder, etc. von CO_2 wesentlich zu überschreiten. Das erfordert eine drastische Reduktion von CO_2-Emissionen pro Kopf in Industrieländern von 16 t (1990) auf 1 t (2050). Dies ist nur durch eine elementare Veränderung unserer Produktions- und Konsumweisen möglich.

Der hierfür erforderliche Strukturwandel hat bisher jedoch noch nicht in der nötigen Konsequenz begonnen. Das bedeutet, daß die Industrieländer die notwendigen umweltpolitischen Erfordernisse (noch) nicht erfüllen, die für die Erhaltung der Lebensbedingungen zukünftiger Generationen auf der Erde erforderlich wären. Der Entwurf einer armuts- und ökologieorientierten Weltentwicklungspolitik steht bisher noch aus. Es ist jedoch möglich, Strategieelemente einer Weltentwicklungspolitik auf verschiedenen Ebenen aufzuzeigen.

Strategieelemente für Industrieländer:

- Eine ökologieorientierte Änderung des Wirtschafts- und Lebensstils.
- Drastische Reduzierung von Waffenexporten (da sie teuer und unproduktiv sind) und Giftmüllexporten in Entwicklungsländer.
- Aufbau und Etablierung umweltgerechter und sozial verträglicher Handelsstrukturen.

Strategieelemente für Entwicklungsländer:

- Die Regionalisierung des Wirtschaftens bzw. wirtschaftlichen Austausches muß weiter gestärkt werden. Das betrifft sowohl den Auf- bzw. Ausbau der nationalen Wirtschaft in Entwicklungsländern als auch die Förderung wirtschaftlicher Kooperation zwischen Süd-Süd (vgl. VON HAUFF und KRUSE 1993, S. 91ff).
- Aufbau und Stärkung sozialer und ökologischer Kompetenz in Regierungsinstitutionen, (Aus-)Bildungseinrichtungen und der Verwaltung (Institution Building).
- Stärkung umweltpolitischer Instrumente auf der Grundlage von Anreizen für Unternehmen und Konsumenten in Entwicklungsländern.
- Eine nachhaltige Umverteilungspolitik von Einkommen, Vermögen und Land zugunsten der Armutsbevölkerung.

Strategieelemente für die Entwicklungszusammenarbeit:

- Förderung der Kohärenz, d. h. die Abstimmung der Entwicklungszusammenarbeit mit anderen Politikbereichen wie Finanz- und Außenwirtschaftspolitik.
- Ausbau und Stärkung der armuts- und umweltorientierten Zusammenarbeit und eine stärkere Zusammenführung dieser beiden Sektoren.
- Verstärkte Förderung und Einbeziehung von Südexperten in die Entwicklungszusammenarbeit.
- Stärkung von Partnerschaftsprogrammen auf lokaler Ebene.

Die Zusammenführung der verschiedenen armuts- und ökologieorientierten Strategieelemente kann schließlich zu einer Weltentwicklungspolitik führen.

Literaturverzeichnis

Agenda 21 - Konferenz der vereinten Nationen für Umwelt und Entwicklung im Juni 1992 in Rio de Janeiro (Dokumente Hrsg. Bundesministerium für Umwelt, Naturschutz und Reaktorsicherheit, Bonn o. J.)

BUND; Misereor (Hrsg.) (1996): Zukunftsfähiges Deutschland. Basel

Bruckmeier, K.(1994): Strategien globaler Umweltpolitik: Umwelt und Entwicklung in den Nord-Süd-Beziehungen. Münster

Daly, H. E. (1994): Die Gefahren des freien Handels. in: Spektrum der Wissenschaft, Januar 1994

Durning, A. B. (1992): Die Armutsfalle: Die Beziehung zwischen Armut und Umwelt - die Elendsspirale umdrehen. World Watch Institute, Schwalbach

Gauer, K.; u. a. (Hrsg.) (1987): Umwelt am Ende? Zur Umweltproblematik der Dritten Welt. Saarbrücken

Glewwe, P.; van der Gaag, J. (1990): Identifying the Poor in Developing Countries: Do Different Definitions Matter? in: World Development Vol. 18, Nr. 6

Harborth, H.-J. (1992): Armut und Umweltzerstörung in Entwickungsländern. in: Sautter, H. (Hrsg.) (1992): Entwicklung und Umwelt. Berlin

Harborth, H.-J. (1993): Dauerhafte Entwicklung statt globaler Selbstzerstörung. 2. Aufl., Berlin

v. Hauff, M.; Kruse, B. (1996): Development from Below: Perspektiven zur Überwindung der Theoriekrise und des Entwicklungspessimismus am Beispiel Indien. in: Böttger, G.; Frech, S. (Hrsg.) (1996): Der Nord-Süd-Konflikt in der politischen Bildung. Schwalbach, S. 49 - 75

v. Hauff, M.; Kruse, B. (1993): Die Relevanz der Entwicklungsstrategien: Rahmenbedingungen und Perspektiven. in: v. Hauff, M.; Werner, H. (Hrsg.) (1993): Entwicklungsstrategien für die Dritte Welt. Berlin

v. Hauff, M. (1996): Free Trade and Environmental Protection: The Relevance of WTO-Rules. Volkswirtschaftliche Diskussionsbeiträge Universität Kaiserslautern

Hauff, V. (Hrsg.) (1987): Unsere gemeinsame Zukunft - Der Brundtland-Bericht der Weltkommission für Umwelt und Entwicklung, Greven

Jacobson, J. L. (1989): Umweltflüchtlinge: Gründe für die Aufgabe von eigenem Land. in: World Watch Institute Report, Frankfurt

Kurz, R. (1995): Nachhaltige Entwicklung und Nord-Süd-Problematik, in: WSI-Mitteilungen 4/1995, S. 272 - 277

Lipton, M. (1994): Growing Points in Poverty Research: Labour Issues. International Institute of Labour Studies, Diskussionspapier Nr. 66, Genf

Menzel, U. (1992): Das Ende der Dritten Welt und das Scheitern der großen Theorie. Frankfurt

Øyen, E. (1992): Comparative Poverty Research, in: International Social Science , Vol. 44, Nr. 4

Rodgers, G.; u. a. (1995): The Framework of ILO action against Poverty. in: Figueiredo, J. B., Shaheed, Z. (Hrsg.) (1995): New Approaches to Poverty, Analysis and Policy, Genf

Sautter, H.; Serries, C. (1993): Inhalt und Methodik von Armutsanalysen. Forschungsberichte des Bundesministeriums für wirtschaftliche Zusammenarbeit und Entwicklung, Band 110. Köln

UNDP (United Nations Development Programm) (1995): Bericht über die menschliche Entwicklung 1995, Bonn

Weltbank (1990): Die Armut: Weltentwicklungsbericht 1990, Washington D. C.

Wiemann, J. (1992): Umweltorientierte Handelspolitik: Ein neues Konfliktfeld zwischen Nord und Süd? Deutsches Institut für Entwicklungspolitik (DIE), Berlin

Von der ökokratischen Steuerung zum partizipativen Diskurs

von Harald Schäffler [1]

In der Diskussion um eine nachhaltige Entwicklung wird in den letzten Jahren vorwiegend darüber debattiert, wie Nachhaltigkeit *inhaltlich* definiert werden kann. Im Vordergrund stehen die Fragen, mit welchen Indikatoren Nachhaltigkeit gemessen werden kann, welche Belastungsgrenzen maßgeblich sind und welche „Verträglichkeiten" (ökologische, soziale, ökonomische) berücksichtigt werden müssen (vgl. KUIK und VERBRUGGEN, H. (Hrsg.) 1991, MOFFATT 1994; RENNINGS 1994, VICTOR 1991). Je nach Standpunkt und Wissenschaftsdisziplin werden dabei unterschiedliche Konzepte vertreten, die Nachhaltigkeit eher aus ökonomischer, aus ökologischer oder aus sozialer Sicht definieren.

Bei dieser Diskussion wird zumeist die Frage ausgeblendet, *wer* die Zielwerte festlegt, *wer* zwischen konkurrierenden Zielen abwägt und durch *wen* die Entwicklung beeinflußt und gelenkt wird. Denn wenn unterstellt wird, daß die gesellschaftliche und ökonomische Entwicklung in Richtung Nachhaltigkeit *gesteuert* werden kann, dann ist es natürlich eine wichtige Frage, wer die Richtung bestimmt und wer am Steuer sitzt. Konzepte einer nachhaltigen Entwicklung bedürfen also neben der inhaltlichen, substantiellen Definition von „Steuerungszielen" einer *prozeduralen* Definition der „Steuerungsprozesse".

Im folgenden werden drei Konzeptansätze einer nachhaltigen Entwicklung skizziert, die inhaltlich durchaus ähnliche, prozedural aber sehr unterschiedliche Steuerungsprozesse vertreten.

---

[1] Der Beitrag erschien in einer gekürzten Version in der Politischen Ökologie, 14. Jg., Nr. 46, Mai/Juni 1996, S. 21-23.

1. Ökokratische Steuerung

Heute wird kaum mehr bestritten, daß wir in vielen Bereichen die natürlichen Ressourcen der Umwelt übernutzen. Anthropogene Klimaveränderung, Bodenerosion, Waldzerstörung - dies sind nur einige Beispiele hierfür (vgl. WBGU 1993). Eine nachhaltige Entwicklung hingegen erfordert, natürliche Ressourcen nur im Umfang ihrer Regenerationsfähigkeit zu nutzen, Stoffe nur in dem Umfang zu emittieren, wie sie in der Umwelt assimiliert werden können, und nichterneuerbare Ressourcen nur in dem Umfang zu nutzen, wie funktioneller Ersatz geschaffen werden kann. Diese sog. „Managementregeln" bilden das Fundament unterschiedlicher ökonomischer und ökologischer Konzepte einer nachhaltigen Entwicklung. In der ökologischen Ökonomie z. B. wird von der „Erhaltung des Naturkapitals" gesprochen (vgl. PEARCE u. a. 1988, S. 6), und der Sachverständigenrat für Umweltfragen hält die Bestimmung von Umweltqualitätszielen, „die sich an ökologische und damit naturwissenschaftlich begründete Grenzen für Stoffeinträge und strukturelle Änderungen orientieren", für unabdingbar (SRU 1994, S. 102).

Dieser „technokratische", oder besser „ökokratische" Ansatz erweckt den Eindruck, daß mit einem gewissen wissenschaftlichen Forschungsaufwand klare, quasi *objektive* Nachhaltigkeitsgrenzen ermittelt werden können, die außerhalb jeglicher normativer und politischer Bewertung stehen. Das Programm dieses Ansatzes ist frei von Wertdiskussionen und erfordert lediglich:

- die wissenschaftliche Bestimmung von Entwicklungs- bzw. Belastungsindikatoren,
- die Analyse des Ist-Zustands,
- die Ermittlung des Soll-Zustands anhand der ökologischen Belastungsgrenzen bzw. der noch tolerierbaren Veränderungen
- die Identifizierung der „Nachhaltigkeitslücken" und
- die Durchführung von Maßnahmen zur Schließung dieser Lücken.

Der Charme dieses Ansatzes, der z. B. in ökonomischen Beiträgen mehr oder weniger deutlich vertreten wird (vgl. z. B. VOSS 1994), liegt in seiner scheinbaren Objektivität. Denn es kann nicht ernsthaft in Frage gestellt werden, daß die ökologische Tragfähigkeit erhalten werden soll, oder daß künftige Generationen einen gleichen „Naturkapitalbestand" zur Verfügung haben sollen, wie wir. Man kann keine Wert- oder Interessendiskussion darüber führen, ob wir ein stabiles Klima, sauberes Trinkwasser oder fruchtbare Böden brauchen oder nicht. Doch baut dieser Ansatz auf einem unsicheren Fundament auf. Denn nur scheinbar läßt sich ohne normative Festlegungen bestimmen, welche Bodenqualität zu erhalten ist, oder welche Klimaveränderungen noch als tolerabel betrachtet werden. Tatsächlich besteht ein „Naturalistischer Fehlschluß", wie der Sachverständigenrat an anderer Stelle ausführt, wenn aus dem „Sein" ein „Sollen" geschlossen wird (ebd., S. 70):

> „Eine Auskunft darüber, was ökologisch falsch oder richtig ist, kann nicht aus der Ökologie allein gewonnen werden, da sie nur Zustände, Prozesse und Bedingungszusammenhänge beschreibt, aber aus sich heraus keinen Maßstab dafür bietet, wessen Perspektive bei dessen Bewertung der Vorrang zuzuerkennen ist."

Belastungen und Veränderung von ökologischen Systemen können immer nur auf der Grundlage anthropozentrischer Ziel- und Wertvorstellungen als „akzeptabel" oder „nicht mehr akzeptabel" bewertet werden (vgl. GUDERIAN und BRAUN 1993, S. 55).

Die Frage, wer bestimmt, was nachhaltig ist, und was nicht, läßt sich also nicht umgehen. Der „ökokratische" Ansatz hingegen läßt - konsequent angewandt - keinen Spielraum für politisch bewertende Prozesse und für die Berücksichtigung der Präferenzen der betroffenen Bevölkerung. Die Definitionsmacht darüber, was nachhaltig ist, ist der Wissenschaft zugeordnet und dem politischen Raum entzogen. Er ist damit akulturell, apersonell und damit letztlich demokratiefeindlich.

2. Globales Umweltmanagement

Die Brundtland-Kommission wird in inhaltlicher Hinsicht vielfach als richtungsweisend für die Nachhaltigkeitsdebatte angesehen. Jedoch nicht nur ihre substantielle Definition einer nachhaltigen Entwicklung ist - trotz ihrer Vagheit - von großer Bedeutung[2] , sondern auch ihre

---

2 Die Weltkommission bezeichnet als eine nachhaltige Entwicklung eine Entwicklung „ (...), die die Bedürfnisse der Gegenwart befriedigt, ohne zu riskieren, daß künftige Generationen ihre eigenen Bedürfnisse nicht befriedigen können." (HAUFF 1987, S. 46).

Vorstellung von der politischen Steuerung des Entwicklungsprozesses. So sieht W. C. CLARK, ein Mitglied der Brundtland-Kommission, die Menschheit als *Manager* des Planeten Erde (CLARK 1989, S. 48; vgl. auch SACHS 1994):

> „Als eine globale Spezies transformieren wir den Planeten. Nur als eine globale Spezies, die ihr Wissen zusammenführt, ihre Handlungen koordiniert und unter sich teilt, was der Planet bietet, haben wir irgendeine Aussicht, die Transformation des Planeten entlang eines nachhaltigen Entwicklungspfades gestalten zu können. Das selbstbewußte, intelligente Management der Erde ist eine der großen Herausforderungen für die Menschheit im Übergang zum 21. Jahrhundert."

Hierfür bedarf es nach BRUNDTLAND, der Vorsitzenden der Weltkommission für Umwelt und Entwicklung, in erster Linie des Engagements und des guten Willens globaler Führungspersönlichkeiten, einer verstärkten globalen Kooperation und internationaler Institutionen mit mehr Entscheidungskompetenzen (BRUNDTLAND 1989, S. 13).

Dieser Ansatz ist charakteristisch für Konzepte einer nachhaltigen Entwicklung, die insbesondere auf UN-Ebene diskutiert wurden, so auch auf der Rio-Konferenz 1992. Kritisiert wird dieser Ansatz vor allem deshalb, weil er genau denjenigen Persönlichkeiten und Institutionen, die in den letzten Jahrzehnten für die traditionellen Entwicklungskonzepte und -strategien verantwortlich waren, nun die Verantwortung für die Steuerung des globalen Wandels hin zu einer nachhaltigen Entwicklung überträgt (vgl. FINGER 1993). Nicht eine grundsätzliche Revidierung des „Entwicklungs"-denkens ist gefragt, sondern vielmehr eine Verbesserung und effizientere Führung der „Entwicklung". Verbinden sich dann „globale Umweltmanager" mit „ökokratischem Sachverstand", so gewinnen staatliche Projekte und Maßnahmen im Konflikt mit den Rechten und Bedürfnissen der lokalen Bevölkerung, insbesondere der Armen, eine hohe moralische Legitimität. Denn „Entwicklung" - im Sinne der Verbesserung abstrakter ökonomischer und sozialer Kennziffern - ist jetzt ein um so dringlicheres Ziel, da es doch um die Rettung der Erde geht.

In diesem Sinne hinterfragt ARNOLD diese Konzepte (1989, S. 23):

> „Wer wird die Entscheidung darüber treffen, was aufrecht erhalten werden soll, und unter welchen Bedingungen? Wechselseitige Abhängigkeit

heißt nicht notwendigerweise wechselseitiger Nutzen, und wie Entscheidungen gefällt werden, hat einen entscheidenden Einfluß auf die Verteilung von Nutzen und Kosten. Die Rhetorik der Vision einer nachhaltigen
Entwicklung macht es klar, daß die Armen profitieren sollten, und wichtige Teile der Bewegung (...) betonen ausdrücklich die Notwendigkeit für
kleinräumige, eigenständige Ansätze. Zur gleichen Zeit jedoch scheinen
die wesentlichen Ereignisse, die die Aufmerksamkeit der Mächtigen und
Reichen auf sich ziehen, die globalen Probleme zu sein, welche einen
Schein von Dringlichkeit mit sich führen, der die Versuchung erhöht, Lösungen auf der Makroebene anzuwenden ohne den „Luxus" von weitgefä-
cherten Konsultationen. Aber wenn die Armen ausgegrenzt werden von
dem Prozeß, gibt es dann irgendeine Garantie, daß, wenn man die Rhetorik beiseite läßt, die Kosten des Wandels nicht zunehmend in ihre Richtung geschoben werden? Welche Typen von Ideen und institutionellen
Prozessen müssen hinzugefügt werden zu der Vision einer nachhaltigen
Entwicklung, um zu versichern, daß die Armen mehr als nur formal einbezogen werden?"

Die Verteilung der Nutzen und der Anpassungslasten ist allerdings
nicht allein eine brisante Frage zwischen Arm und Reich in den Ländern des Südens. Auch im internationalen Verhältnis zwischen Nord
und Süd werden die Konsequenzen einer nachhaltigen Entwicklung
entscheidend von Verteilungsfragen geprägt. Wer übernimmt die Kosten
für den Artenerhalt, wer hat Zugriffsrechte auf die genetischen Ressourcen, muß der Süden die „grünen Lungen" der Erde, die Tropenwälder,
zum Nutzen des Nordens erhalten und erhält er hierfür Kompensations-
leistungen? Auch im Klimaschutz hängen die Anpassungslasten, die
der Norden aufgrund seiner historischen Verantwortung zu tragen hat,
entscheidend davon ab, wie der globale „Umweltraum" zwischen Nord
und Süd aufgeteilt wird.[3]

---

[3] Die Studie „Zukunftsfähiges Deutschland" plädiert für eine gleiche pro-
Kopf-Verteilung (BUND und MISEREOR (Hrsg.) 1996, S. 26ff). In der
Klima-Enquête-Kommission werden hingegen andere Modelle diskutiert,
die dem Norden zweifach höhere pro-Kopf-Emissionsrechte vorbehalten
(SEA 1995).

3. Partizipativer Diskurs

Nachhaltige Entwicklung ist also keine Managementfrage allein, sondern im Kern auch eine normativ-politische Frage. Was erhalten, was geschützt, was entwickelt und was wie verteilt werden soll, kann nicht allein wissenschaftlich bestimmt werden, sondern hängt auch von den Präferenzen der beteiligten Akteure und der Betroffenen ab.

Die Orte für die Austragung von Wert- und Interessenkonflikten sind in demokratischen Gesellschaften üblicherweise die demokratisch gewählten Parlamente. Dort entscheiden Politiker/innen auf der Grundlage von wissenschaftlichen Analysen und Szenarien gemäß ihren Präferenzen und Wertvorstellungen. Doch zeigt dieses dezisionistische Modell angesichts der ökologischen Steuerungs- und gesellschaftlichen Legitimationskrise zunehmend Defizite auf (vgl. BORA und DÖBERT 1993, BRACZYK 1986, HENNEN 1994).

Angesichts des globalen ökologischen und sozialen Gefährdungspotentials, das aus technisch-ökonomischer Entwicklung erwächst, werden die bisherigen Entscheidungen und Steuerungsmaßnahmen in steigendem Maße kritisiert und als ungenügend empfunden. Es wird sogar in Frage gestellt, ob der Staat überhaupt noch in der Lage ist, auf die Richtung und die zunehmende Dynamik dieser Entwicklung Einfluß zu nehmen (RAMMERT 1991, S. 7). In diesem Sinne spricht HENNEN von einer *Steuerungskrise* (1994, S. 456). Verstärkt wird diese Krise durch die zunehmende Komplexität, Geschwindigkeit und der scheinbaren Eigengesetzlichkeit technisch-ökonomischer Entwicklungen (vgl. Beitrag von U. DUCHROW in diesem Bande).

Mit der zunehmend wahrgenommenen Ambivalenz technischer Entwicklungen verschwand auch der *grundsätzliche* Konsens, wonach in der technischen Entwicklung die Grundbedingung für soziale Entwicklung und sozialen Fortschritt zu sehen ist (BRACYK 1986, S. 174). Gemäß dieses Konsens, der sich in Deutschland nach den Anfängen der Industrialisierung Ende des 19. Jahrhunderts bildete und bis in die 50er und 60er Jahre währte, sind auch die offensichtlichen Negativeffekte als notwendige oder hinzunehmende Begleiterscheinungen des „technischen Fortschritts" zu akzeptieren.

In den 70er Jahren löste sich dieser Grundkonsens jedoch auf: Inhalt und Richtung des technischen Wandels wurden zum Gegenstand zum Teil heftiger gesellschaftlicher Auseinandersetzungen. Der Konsensverlust führte bezüglich des technischen Wandels zu einer *Legitimationskrise* der staatlichen Institutionen. Nach HENNEN (1994, S. 456f) ist die Legitimationskrise Ausdruck der prinzipiellen Unsicherheit und Ambivalenz, unter der individuelles und soziales Handeln in Folge des zunehmenden wissenschaftlich-technischen Fortschritts steht. Insbesondere den staatlichen Institutionen als Verantwortliche für die gesellschaftliche Daseinsvorsorge wird immer weniger vertraut, daß sie die technisch-ökonomische Entwicklung kontrollieren und in eine gewünschte Richtung zu lenken vermögen.

Angesichts der Steuerungs- und Legitimitätskrise und der Wertepluralität bedarf es also politischer Steuerungsverfahren, die neben der wissenschaftlichen Folgenabschätzung in gleichem Maße einen Beitrag für die Integration der unterschiedlichen Werte- und Interessensysteme leisten. Aus diesen Gründen kommt partizipativen und diskursiven Verfahren eine hohe Bedeutung zu. Von partizipativen Diskursen erhofft man sich im Idealfall in zweifacher Hinsicht „robustere" Problemlösungen: Durch die Mitwirkung der Betroffenen an politischen Entscheidungsprozessen wird deren Problemsicht berücksichtigt, um die oftmals beschränkte Rationalität und Problemsicht technik-wissenschaftlicher Diskurse zu erweitern. Zum zweiten kann nur über eine Beteiligung die Integration der Interessen und Werthaltungen der Betroffenen gelingen, und somit eine Basis für die Bewältigung der Legitimationskrise geschaffen werden.

Die Mitwirkung von Betroffenen und die Integrierung von divergierenden Interessen und Werthaltungen ist um so wichtiger, wenn man sich die Größenordnung der notwendigen Veränderungen vor Augen führt. Betrachtet man allein die ökologischen Ziele, wie sie z. B. in der Studie „Zukunftsfähiges Deutschland" beschrieben werden (BUND und MISEREOR 1996, S. 53ff), dann wird deutlich, daß die bisher üblichen technischen Effizienzsteigerungsraten alleine hierfür nicht ausreichen werden. Vielmehr bedarf es drastischer Veränderungen im Stoffhaushalt der Bundesrepublik, die sich letztlich nur durch eine grundsätzliche Umstrukturierung der Produktionsweise und der Konsummuster erreichen lassen (vgl. auch Beitrag von M. ANDREAS-GRISEBACH und U. DUCHROW in diesem Band).

Angesichts der Wertepluralität, der Interessenvielfalt und der wissenschaftlichen Unsicherheit über die Folgewirkungen kommt der prozeduralen Ausgestaltung des politischen Steuerungsprozesses so eine entscheidende Bedeutung zu. In diesem Sinne vertreten auch südliche Nichtregierungsorganisationen Konzepte einer nachhaltigen Entwicklung, die explizit die Beteiligung der Bevölkerung an politischen Definitions- und Entscheidungsprozessen einfordern (vgl. STAHL 1992).

Ob partizipative Diskurse tatsächlich ein geeignetes Verfahren darstellen, muß sich erst noch zeigen. Erfahrungen mit Diskursen zu Themen der Technikfolgenabschätzung deuten auf einige grundsätzliche Probleme hin. Dies ist zum einen ein meist recht hoher zeitlicher und personeller Aufwand, zum zweiten lassen sich die Teilnehmer nicht immer darauf verpflichten, von einer strategischen Argumentationsführung Abstand zu nehmen und sich auf eine sachlich-rationale Diskussion einzulassen, und drittens ist die Bestimmung eines konstruktiven Verhältnisses von partizipativen Diskursen zu den demokratisch legitimierten Institutionen noch offen. (HENNEN 1994, S. 53f).

4. Fazit

Konzepte, die unterstellen, daß Nachhaltigkeitsziele primär wissenschaftlich bestimmt werden können, sind als illusorisch zu verwerfen. Konzepte, die nur eine inhaltliche Konkretisierung bzw. Operationalisierung in Form von Indikatoren, Grenzwerten u. ä. beinhalten, sind unvollständig. Für die politische Diskussion benötigt man zwar wissenschaftlich begründete Vorgaben, grobe Zielwerte und Leitindikatoren, allein schon um politische Maßnahmen verfolgen und kontrollieren zu können. In höherem Maße ist aber die Frage von Bedeutung, durch welche politischen Institutionen und Verfahren die Bürgerinnen und Bürger in die Bewertungs- und Entscheidungsprozesse eingebunden und daran beteiligt werden können.

Literaturverzeichnis

Arnold, S. H. (1989): Sustainable Development: A Solution to the Development Puzzle. in: Development, 2/3, S. 21 - 25

Bora, A.; Döbert, R. (1993): Konkurrierende Rationalitäten: Politischer und technisch-wissenschaftlicher Diskurs im Rahmen einer Technikfolgenabschätzung von genetisch erzeugter Herbizidresistenz in Kulturpflanzen. in: Soziale Welt, Heft 1, S. 75 - 97

Braczyk, H.-J. (1986): Konsensverlust und neue Technologien: Zur exemplarischen Bedeutung des Konflikts um die atomare Wiederaufarbeitungsanlage für die gesellschaftliche Steuerung technischen Wandels. in: Soziale Welt, Heft 2/3, S. 173 - 190

Brundtland, G. H. (1989): Sustainable Development: An Overview. in: Development, Nr. 2/3, S. 13 - 14

BUND; Misereor (Hrsg.) (1996): Zukunftsfähiges Deutschland. Eine Studie des Wuppertal Instituts für Klima, Umwelt, Energie. Berlin, Basel, Boston

Clark, W. C. (1989): Managing Planet Earth. Scientifc American Vol. 261, Nr. 3, S. 47 - 54

Finger, M. (1993): Politics of the UNCED Process, in: Sachs, W. (Hrsg.) (1993): Global Ecology: A new Arena of Political Conflict. Canada; Fernwood Books Ltd, S. 36 - 48

Guderian, R.; Braun, H. (1993): Belastbarkeit von Ökosystemen. in: Kuttler, W. (Hrsg.) (1993): Handbuch zur Ökologie. Berlin, S. 55 - 60

Hauff, V. (Hrsg.) (1987): Unsere gemeinsame Zukunft: Der Brundtland-Bericht der Weltkommission für Umwelt und Entwicklung. Greven

Hennen, L. (1994): Technikkontroversen: Technikfolgenabschätzung als öffentlicher Diskurs. in: Soziale Welt, Jg. 45, Heft 4, S. 454 - 479

Hennen, L. (1995): Diskurse als Mittel der Konfliktaustragung im Bereich der Technikfolgenabschätzung. Workshop vom 26. -28. Oktober 1994 in Stuttgart. TA-Datenbank-Nachrichten, Nr. 1/2, 4. Jg, S. 52-54

Kuik, O. J.; Verbruggen, H. (Hrsg.) (1991): In Search of Indicators of Sustainable Development. Dordrecht

Moffatt, I. (1994): On measuring sustainable development indicators. in: International Journal of Sustainable Development and World Ecology , Vol. 1, Nr. 2, S. 97 - 109

Pearce, D. W.; Barbier, E. B. ; Markandya, A. (1988): Sustainable Development and Cost Benefit Analysis. LEEC Paper 88-03. London

Rammert, W. (1991): Wer oder was steuert den technischen Fortschritt?: Technischer Wandel zwischen Steuerung und Evolution. in: Soziale Welt, Heft 1, S. 7-25

Rennings, K. (1994): Indikatoren für eine dauerhaft-umweltgerechte Entwicklung. Materialien zur Umweltforschung Bd. 25. Stuttgart

SRU (Sachverständigenrat für Umweltfragen) (1994): Für eine dauerhaft-umweltgerechte Entwicklung: Umweltgutachten 1994. BDrs. 12/6995 vom 8.3.1994. Bonn

Victor, P. (1991): Indicators of Sustainable Development: Some Lessons from Capital Theory. in: Ecological Economics, No. 4, S. 191-213

Voß, G. (1994): sustainable Development: Leitziel auf dem Weg ins 21. Jahrhundert. Kölner Texte und Thesen Nr. 17, Köln

WBGU (Wissenschaftlicher Beirat Globale Umweltveränderungen) (1993): Welt im Wandel: Grundstruktur globaler Mensch-Umwelt-Beziehungen. Bonn

Sachs, W. (1994): Globale Umweltpolitik im Schatten des Entwicklungsdenkens. in: Sachs, W. (Hrsg.) (1994): Der Planet als Patient: Über die Widersprüche globaler Umweltpolitik. Wuppertal Paperbacks. Berlin, Basel, Boston, S. 15-42

SEA (Enquête-Kommission „Schutz der Erdatmosphäre" des 12. Deutschen Bundestags) (Hrsg.) (1995): Mehr Zukunft für die Erde: Nachhaltige Energiepolitik für dauerhaften Klimaschutz. Schlußbericht. Bonn

Stahl, K. (1992): Sustainable Development als öko-soziale Entwicklungsalternative? Anmerkungen zur Diskussion südlicher Nichtregierungsorganisationen im Vorfeld der UN-Konferenz „Umwelt und Entwicklung". in: NORD-SÜD aktuell, Nr. 1, S. 44 - 57

Vom globalen Konzept zur regionalen Werkstatt

Aus der Arbeit des Ulmer Initiativkreises Nachhaltige Wirtschaftsentwicklung e. V.

von Helge Majer

1. Von der globalen zur regionalen Nachhaltigkeit

Die ökologischen Restriktionen dieses Planeten Erde sind offensichtlich: Mit unseren Wirtschaftsweisen und Lebensstilen übernutzen wir die Quellen und Senken des Planeten immer mehr.

- Die erschöpflichen Rohstoffe und Energieträger werden (naturgemäß) irgendwann erschöpft sein und wir müssen rechtzeitig auf nicht erschöpfliche umstellen, um die Kosten der Anpassung nicht zu hoch zu treiben. Bei den nicht erschöpflichen Ressourcen wiederum müssen wir bestimmte Nutzungsregeln beachten und dürfen - grob gesagt - nur das abbauen, was nachwächst.

- Die Aufnahmekapazitäten der Ökosysteme für Schadstoffe sind längst erschöpft und daher verteilen wir sie nur noch. Aber mit Sicherheit besteht die Lösung nicht in weiterer Verteilung.[1] Die regionalen Konzentrationen werden stärker; wir beobachten dies zum Beispiel in Baden-Württemberg, wo die Ballungsräume Stuttgart, Mannheim und Karlsruhe alle drei als ökologische Belastungsgebiete ausgewiesen sein müßten (dies aber - aus welchen Gründen auch immer - nicht sind). Die ökologischen Nischen werden weniger. Es ist eindeutig, daß wir stärker die Assimilationsraten der Ökosysteme beachten müssen, jedenfalls für die Stoffe, die der Natur

---

[1] Auch wenn manche Zyniker sagen: „The solution to pollution is dillution."

bekannt sind. Die vielen anderen Stoffe, die in den Ökosystemen nicht vorkommen, müssen mit Verboten belegt werden.[2]

Andererseits haben Wissenschaft und Technik der Menschheit vielfältige Möglichkeiten zur Verfügung gestellt, mit Knappheitsproblemen fertig zu werden. Dieses Lösungspotential der Kenntnisse, die vererbt werden, kann unterschiedlich eingeschätzt werden; ich bin eher skeptisch.[3]

Spätestens seit 1987 wird im Anschluß an die Brundtland-Kommission für Umwelt und Entwicklung die Konzeption einer nachhaltigen Entwicklung („sustainable development") zur Lösung dieser interregionalen und intertemporalen Ungleichverteilung in der Welt diskutiert. Diese Konzeption stellt die Verantwortung der heutigen Generation für die zukünftigen Generationen in den Vordergrund: die heutige Generation soll die Umwelt nur in der Weise nutzen, daß die Bedürfnisse der Morgigen im Hinblick auf die ihnen dann zur Verfügung stehende Umwelt nicht geschmälert werden (intertemporale Gleichverteilung). Oder: die heutige Generation darf nicht mehr und auch nicht weniger Nutzen haben als die zukünftige.

Es ist notwendig, auf globaler Ebene nach Wegen zu suchen, die die Welt dem Ziel einer nachhaltigen Entwicklung näherbringen können. Aber auch auf anderen Handlungsebenen, wie die von Wirtschaftsblöcken (z. B. der EU), von Nationalstaaten, von Bundesländern oder von Kommunen und müssen Wege gesucht und ein Kurswechsel hin zu einer nachhaltigen Entwicklung eingeleitet werden. In dem vorliegenden Beitrag will ich mich auf die regionale Ebene konzentrieren und beschreiben, wie der *Ulmer Initiativkreis Nachhaltige Wirtschaftsentwicklung e.V. (unw)* diese Aufgabe angeht.

---

[2] Die vergeblichen Endlagerungsversuche von radioaktivem Material sind nur ein Beispiel hierfür.

[3] Man kann - nach einem indianischen Sprichwort - sagen, daß wir diese Erde nicht den nächsten Generationen vererben, sondern daß wir sie von ihnen geliehen haben. Dann müssen wir bei Unsicherheit sehr vorsichtig handeln.

2. Der regionale Ansatz

Der regionale Ansatz hat wichtige Vorzüge. Auf der regionalen Ebene

- ist die Chance groß, daß die Betroffenheit über Umweltzerstörung oder über andere Vorfälle nicht folgenlos bleibt,
- sind die Verantwortlichen für Umweltbelastungen direkt ansprechbar, denn Ursache und Wirkung können in der Regel zugeordnet werden,
- liegen überschaubare Verhältnisse vor, die Möglichkeiten für verantwortungsbewußtes und kooperatives Handeln eröffnen,
- sorgt die „regionale Identität" der Bewohner für eine regionale Kultur, die über den Horizont von morgen hinausreicht.

Der regionale Ansatz hat aber auch Grenzen. Die wichtigste liegt darin, daß Regionen miteinander verflochten sind; Import- und Exportbeziehungen sowie die Migrationen müssen berücksichtigt werden. Besonders gravierend wird dieses Problem bei den Bewegungen der Umweltmedien, die in der Regel keine Grenzen kennen, aber auch bei Pendlern und Touristen. Politische Einflüsse kommen außerdem von übergeordneten Handlungsebenen.

Um diese Probleme zu mildern, muß versucht werden, die (direkten und indirekten) Importe und Exporte sorgfältig zu dokumentieren. Außerdem müssen in bezug auf Politik und Verwaltung die unterschiedlichen Handlungsebenen berücksichtigt werden; eine Stadt kann sich nicht ohne Schaden über eine längere Zeit aus dem überregionalen Verbund „ausklinken".

Ich unterscheide als Handlungsvoraussetzungen für die regionale Ebene harte und weiche Faktoren (vgl. ausführlich: MAJER 1996a). Mit den harten Faktoren ist die Frage zu beantworten, welche charakteristischen Strukturgrößen einer Stadt *gemessen* werden können. Dies sind die Wertschöpfungsbeiträge der Wirtschaft, die Bevölkerung, die Ressourcenvorkommen, die Verkehrswegelänge, etc. Die weichen Faktoren erscheinen mir allerdings für unsere Themenstellung, wie ein Strukturwandel hin zu einer nachhaltigen Entwicklung angestoßen werden kann, fast wichtiger: Stadtgeschichte und Traditionen, Stadtkultur, lokale Netzwerke (finanzielle, persönliche, informationsbezogene, etc.). Wichtig ist außerdem zu wissen, welche Ziele, Ressourcen und Aktivitäten die Akteure der Netzwerke entwickeln. Und schließlich sind, um die Dynamik verstehen und lenken zu können, Lernpotentiale und Machtverteilung zu nennen. Diese weichen Faktoren bilden das Umsetzungspotential für einen Strukturwandel. Aus ihnen ist die Infrastruktur für einen Strukturwandel abzuleiten.

3. Eine regionale Infrastruktur für die Umsetzung des Konzepts einer nachhaltigen Entwicklung

Elemente der Umsetzungsstrategie

Um mit Manfred LINZ zu sprechen: Eine neue Konzeption kann erfolgreich umgesetzt werden, wenn vier Voraussetzungen erfüllt sind:

- Das Projekt muß Sinn machen und dieser muß den Akteuren deutlich werden. Dies ist die Aufgabe von guter Information und Kommunikation über ein theoretisch und empirisch abgesichertes Projekt.
- Die umsetzende Organisation muß glaubwürdig sein, das Vertrauen aller haben und die Rolle eines „ehrlichen Maklers" erfüllen. Hierfür sollte eine Reihe von Voraussetzungen erfüllt sein, auf die ich ausführlich eingehen will.
- Die Maßnahmen für die Umsetzung müssen gerecht sein. Hierbei ist der institutionelle Rahmen entscheidend.
- Für die Umsetzung müssen einigermaßen erprobte Handlungsmöglichkeiten vorliegen, die angeboten werden können.

Sinnvermittlung

Der *unw* geht von einem partizipativen, diskursiven Handlungsansatz aus (vgl. Beitrag von H. SCHÄFFLER in diesem Band). Das bedeutet, daß Sinnvermittlung und Übernahme von Verantwortung durch die einzelnen Akteure entscheidend sind. Sinnvermittlung heißt auch, die Akteure nicht mit besserwisserischen Empfehlungen zu traktieren, sondern sie zu eigenverantwortlichem Handeln anzuregen. Das Problemlösungspotential der Akteure, und zwar aller, sollte geweckt werden.

Die zugrundeliegende Idee lautet, daß jeder Akteur selbst die Möglichkeiten zum Handeln in seiner Umgebung, seinem Handlungsbereich am
besten kennt. Allerdings bedarf es im Detail dann koordinierender und
vermittelnder Aufgaben einer Institution (z. B. des *unw*). Die Sinnvermittlung erfolgt durch Kommunikation und Information. Es hat sich bewährt, Kernakteuren im persönlichen Gespräch zu begegnen. Die Ge-
sprächspartner müssen davon überzeugt sein, daß die Mühe lohnt, mit
einem Kurswechsel langfristige Veränderungen durchzuführen. Die
Sinnvermittlung muß deshalb mit einer soliden und überzeugenden
theoretischen (und empirischen) Basis erfolgen. Im vorliegenden Fall
geht es darum, eine verständliche und überzeugende Beschreibung von
regionaler nachhaltiger Entwicklung vorzulegen. Der *unw* hat mit dem
Begriff der Nachhaltigkeitslücken eine solche Konzeption vorgelegt, die
im folgenden dargestellt werden soll (vgl. MAJER u. a. 1996).

Ein sinnvoller Ansatz, nachhaltige Wirtschaftsentwicklung zu definieren,
läßt sich wie folgt beschreiben (MAJER 1995, S. 4):

> „Regionale nachhaltige Entwicklung ist ein Leitbild, das in einem lang-
> fristigen Such- und Abstimmungsprozeß erreicht werden soll. Dabei sind
> die gesellschaftlichen Nutzungsansprüche und die natürlichen Lebensbe-
> dingungen in zeitlicher und räumlicher Dimension so aufeinander abzu-
> stimmen, daß interregionale und intertemporale Gerechtigkeit gewährlei-
> stet ist. Aus den zeitlichen und räumlichen Dimensionen ergeben sich
> wichtige Verteilungsaufgaben."

Nachhaltige Entwicklung umfaßt somit drei Aspekte, den ökologischen,
den ökonomischen und den sozialen. Wichtig ist der Zielcharakter der
Konzeption. Das Ziel einer nachhaltigen Entwicklung ist dann erreicht,
wenn die „Managementregeln" der Nachhaltigkeit erfüllt sind. Das sind
die Regeln über den Abbau von erneuerbaren Ressourcen, über die
Substitution von nichterneuerbaren durch erneuerbare Ressourcen, die
Regel über die Assimilationsgrenze und die über den Erhalt von Vielfalt
und ästhetischer Werte. Das Ziel einer nachhaltigen Entwicklung ist nur
mit einem gravierenden Strukturwandel zu erreichen, der nicht von
heute auf morgen möglich ist. Daher wird der langfristige Aspekt betont.
Wegen der Unvorhersagbarkeit der Zukunft können auch die Wege zu
diesem Ziel nicht in der gesamten Zeitdimension beschrieben werden.
Daher wird von einem Suchprozeß ausgegangen, der die Wege zur
Nachhaltigkeit über viele Zwischenziele (Stufen) beschreibt.

Eine Nachhaltigkeitslücke ergibt sich aus dem Vergleich zwischen den gesellschaftlichen Nutzungsansprüchen (den Wirtschaftsweisen und Lebensstilen), den natürlichen Lebensgrundlagen (dem Erhalt der Leistungsfähigkeit der Öko-Systeme), und der Lebensqualität (sozialer Aspekt). Dies wird mit der folgenden Abbildung 1 gezeigt. Im Hinblick auf die Definition und Messung von Nachhaltigkeitslücken ist es wichtig, daß die drei Aspekte oder Subsysteme einer nachhaltigen Entwicklung, Ökologie, Ökonomie und Soziales, dargestellt mit den drei großen Kreisen, in vergleichbaren Dimensionen angegeben werden (vgl. detaillierte Erläuterungen in MAJER und STAHMER 1996).

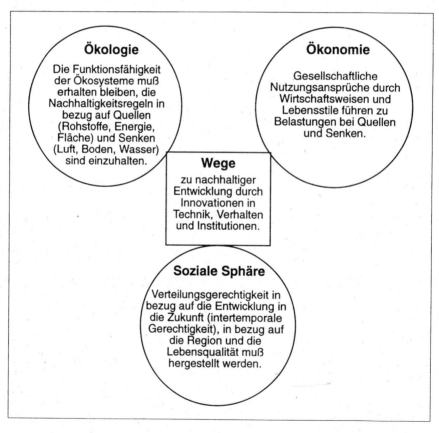

Abbildung 1: Die drei Aspekte einer nachhaltigen Entwicklung

Es geht dabei um einen Vergleich der beobachteten gesellschaftlichen Nutzungsansprüche (ökonomischer Aspekt) und der beobachteten Lebensqualität und Verteilung (sozialer Aspekt) mit nachhaltigen Nutzungsansprüchen (ökologischer Aspekt). Die Nachhaltigkeitslücke zeigt sich als Fläche zwischen den großen Kreisen. Die Lücke kann prinzipiell mit Hilfe von Innovationen (neuen Handlungsmöglichkeiten) geschlossen werden (Wege zur Nachhaltigkeit). In einzelnen dienen dazu andere oder neue

- Techniken,
- Verhaltensweisen,
- Institutionen.[4]

Die Nachhaltigkeitslücke ist geschlossen, wenn der kleine Kasten in der Abbildung (Wege zur Nachhaltigkeit: Innovationen) so zusammenschrumpft, daß sich die Kreise der Subsysteme berühren. Die beobachteten Nutzungsansprüche entsprechen dann den Kriterien der „Managementregeln"; die Lebensqualität ist ebenfalls nachhaltig, weil sie zum einen mit den ökonomischen und ökologischen Anforderungen übereinstimmen und darüber hinaus eine gerechte Verteilung von und innerhalb der Lebensqualitäts-Komponenten gewährleistet.[5]

---

[4] In der aktuellen „Nachhaltigkeitsdiskussion" werden die Begriffe „Effizienzrevolution" und „Suffizienzrevolution" verwendet. Wir wollen diese Begriffe möglichst vermeiden: „Revolution" ist der betrachteten Problemstellung eines langfristigen Strukturwandels nicht angemessen und wir sprechen lieber von einem „Kurswechsel". „Effizienz" bezieht sich nur auf eine Verbesserung unter einschränkenden (technisch-ökonomischen) Kriterien. Wir benutzen daher lieber den Begriff der technischen Innovation. „Suffizienz" sehen wir als ein Unwort ersten Grades an. Zum einen versteht es wirklich kaum jemand ohne die Hilfe eines Lexikons, zum anderen gibt es genügend aussagekräftige Begriffe dafür, wie z. B. angemessenes, maßvolles, genügsames Verhalten, und, wenn es schon ein Substantiv sein muß, das „Genug-ist-genug". Die institutionelle Innovation ist in der herrschenden Diskussion vollständig vergessen worden.

[5] Wir definieren Lebensqualität mit GLATZER und ZAPF aus dem Spannungsfeld von subjektivem Wohlbefinden und objektiven Lebensbedingungen. Aus den Bereichen der objektiven Lebensbedingungen (Einkommen, Versorgung, Bevölkerung, Arbeit, Mobilität, Wohnen, Gesundheit, Verkehr, Sicherheit, Umwelt, Bildung, Freizeit, politische Partizipation) ergeben sich

Der Abstimmungsprozeß findet unter dem Kriterium der interregionalen und intertemporalen Gerechtigkeit statt. Geht man davon aus, daß Gerechtigkeit in einem „Aushandlungsprozeß" aller gesellschaftlichen Gruppen zustandekommt (wobei hier die Interessen der Zukünftigen von heute Lebenden wahrgenommen werden müßten), und daß solche überschaubaren Aushandlungsprozesse auf der regionalen Ebene am besten stattfinden können, dann bietet der regionale Ansatz durch institutionelle Innovation gute Chancen für eine Näherungslösung. Ich werde hierauf später eingehen.

Glaubwürdigkeit des Initiators für den Kurswechsel

Der Sinn eines Kurswechsels muß von einer Institution vertreten werden, die glaubwürdig ist. Da nachhaltige Entwicklung alle Akteure einer Gesellschaft angeht, muß diese Institution auf eine breite Vertrauensbasis zurückgreifen können. In bezug auf nachhaltige Entwicklung kommen nach meiner Einschätzung kirchliche oder wissenschaftliche Institutionen diesem Postulat am nächsten. Der *unw* hat die wissenschaftliche Basis gewählt (vgl. Abbildung 2).

Ein interdisziplinär zusammengesetzter Wissenschaftlicher Beirat mit renommierten Persönlichkeiten und eine Forschungsgruppe, die Ulm-relevante Untersuchungen durchführt, bildet die Basis des *unw*. Die wissenschaftlichen Untersuchungen sollten so abgefaßt sein, daß sie auch von fachlichen Laien verstanden werden können. Die Wissenschaftler müssen zu erkennen geben, daß sie gesellschaftliche Verantwortung übernehmen wollen.

Der zweite Baustein für eine solide Vertrauensbasis ist eine ausgewogene Mitgliederstruktur, die einen guten Querschnitt der regionalen Bevölkerung repräsentiert. Dies ist im Fall des *unw* gegeben: bei etwa 100 Mitgliedern kommen je ein Drittel aus der Wirtschaft, aus der Wissen-

---

die Lebensqualitäts-Komponenten. Nachhaltige Lebensqualität bedeutet gerechte inter- und intrastrukturelle Verteilung dieser Komponenten (gerechte Verteilung der Einkommen und Vermögen, der Wohnungen, der Bildungschancen, der Arbeit etc.) sowie angemessene Lebensqualität, die im Einklang mit den ökologischen Möglichkeiten steht (und natürlich „menschenwürdig" ist in dem Sinne, daß sie über dem Existenzminimum liegt).

schaft und aus der Bürgerschaft. Die Vielfalt der Eigenschaften der Mitglieder in bezug auf Beruf, Bildungsabschluß, Alter und Familienstand, Parteizugehörigkeit, etc. schafft nicht nur das nötige Vertrauen, sondern ermöglicht es auch, bei spezifischen Problemstellungen die Kompetenz der Akteure zu nutzen.

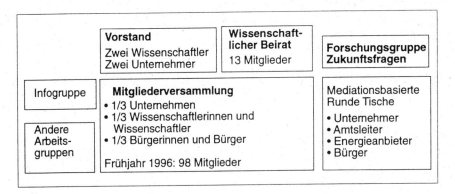

Abbildung 2: Struktur des *unw*

Gerechtigkeit auf dem Pfad zur Nachhaltigkeit

Was bedeutet Gerechtigkeit? Auf den regionalen Kontext bezogen kann man sagen: Gerechtigkeit bedeutet, für klar beschriebene Handlungen und Handlungsumgebungen faire Lösungen aufzusuchen, die in kooperativen Institutionen erarbeitet werden. Die Gewinner eines Veränderungsprozesses sollen nicht zu viel gewinnen, die Verlierer sollen nicht zu viel verlieren. Die Lösung sollte in einem gemeinsamen Aushandlungsprozeß erarbeitet werden.

Welche institutionellen Regelungen stehen hierfür zur Verfügung? Der *unw* versucht seit über zwei Jahren, mit der Konzeption sog. mediationsbasierter Runder Tische diese Probleme zu lösen (vgl. ausführlich unten).

Handlungsoptionen anbieten durch Information

Mit Informationen will der *unw* den Kurswechsel hin zu nachhaltigen Wirtschaftsweisen und Lebensstilen in der Region Ulm/Neu-Ulm

91

anstoßen und begleiten. Der *unw* informiert und regt an durch folgende Punkte, die in Tabelle 1 aufgeführt wird.

Tabelle 1:   Informationsaktivitäten des *unw*

• Unternehmergespräche mit den verantwortlichen Unternehmensleitern.	Bisher fanden drei *unw*-Unternehmergespräche mit jeweils 20 Teilnehmern statt, u. a. standen EG-Öko-Audit und Öko-Marketing-Strategien im Mittelpunkt.
• Amtsleitergespräche mit den für Bau und Umwelt Verantwortlichen.	Der *unw* hat schon zwei solcher Gespräche im Ulmer Rathaus mit etwa 15 Teilnehmern durchgeführt. Es ging dabei um Umweltziele der Stadt Ulm und Probleme der Umweltverwaltung.
• Gespräche in einem Energiewirtschaftlichen Projektrat, der alle Verantwortlichen der Energieanbieterseite in Ulm versammelt.	Der Energiewirtschaftliche Projektrat hat sich bisher sechs Mal getroffen und arbeitet an konkreten Projekten. Das wichtigste Projekt ist z. Zt. ein Baugebiet mit ca. 500 Wohneinheiten, dessen Energieversorgung nach Nachhaltigkeitskriterien optimiert werden soll.
• Strategiegespräche mit den Mitgliedern des *unw*.	Die bislang drei Gespräche haben ergeben, daß der *unw* sich auf Wirtschaft, Verwaltung und Energieanbieter konzentrieren soll.
• Gespräche mit der Bevölkerung von Ulm/Neu-Ulm.	Dies sind die jährlichen Veranstaltungen im Ulmer Stadthaus; in den drei durchgeführten Veranstaltungen standen Ziele und Wege der Nachhaltigkeit im Mittelpunkt. Ein erstes Bürgergespräch findet im Sommer 1996 statt.
• Gespräche mit anderen gesellschaftlichen Gruppen in Ulm.	Vertreter des *unw* führen (unregelmäßig) Gespräche mit Umweltinitiativen, Parteien und anderen Gruppierungen, um zu informieren und zu lernen.
• Workshops und Fachtagungen,	wie z. B. ein Gespräch zwischen Wissenschaftlern und Bürgern im Haus auf der Alb.

• Ausstellungen.	Zum Beispiel eine Wanderausstellung mit „Zukunftsfähigen Produkten und Verfahren" von ca. 15 Firmen aus der Region, die in Ulm, Bad Urach und in Hamburg gezeigt wurde.
• Die Zeitschrift *unw-nachrichten*,	in der wichtige Themenbereiche im Schwerpunkt dargestellt und die Ergebnisse der Veranstaltungen im Stadthaus dokumentiert werden.
• Das Kommunikationsblatt „unw-extra" für Mitglieder und Freunde,	das Mitglieder und Freunde über die aktuellen Aktivitäten und Probleme des *unw* informieren will.
• Die Schriftenreihe des *unw* im Verlag Wissenschaft & Praxis,	in der die Forschungsergebnisse der *unw*-Forschungsgruppe Zukunftsfragen (in verständlicher Sprache) veröffentlicht werden. In dieser Reihe erscheinen auch Arbeiten, die für die Nachhaltigkeitsdiskussion in Ulm wichtig sind.
• Ergebnisse von Datenbanken, die gerade aufgebaut werden.	Hier geht es um drei Datenbanken: Adressen, Literatur und Informationen für eine Beratung.

Wege zur Nachhaltigkeit:
Handlungsmöglichkeiten deutlich machen

Die folgende Tabelle 2 zeigt Ansatzpunkte für Wege zur Nachhaltigkeit. Dabei sind die Eigenschaften nachhaltigen Handelns besonders markiert . Dieses Eigenschaftenbündel gilt für Innovationen in allen drei Bereichen Technik, Verhalten und Institutionen.

Tabelle 2:   Eigenschaften nachhaltigen Handelns

Lernen		*Technik*		*Informieren*
		entsteht		
		wird nachge-		
		fragt		
	fragen	*lernfähig*		
	Kosten und	*anpassungsfähig*		
	Nutzen ab-	*zukunfts-offen*		
	schätzen	*überlebensfähig*	Leitbild	
			finden	
	handeln	*effektiv*		
	(Güter/Natur/	*effizient*	regeln	
Verhalten	immateriell/			*Institutionen*
	materiell)	*transparent*	koordi-	
		überschaubar	nieren	
	individuell			
	gemeinsam	*sicher*	organi-	
		verbindlich	sieren	
	Energie	*zielkonflikt-*		
	Wohnen	*mindernd*		
	Mobilität			
	Produkte	*partizipativ*		
		kooperativ		
		integrativ		
		verantwortbar		
		vorsorgend		
		langfristig		
Verant-				*Kooperativ*
wortlich		**Ulm**		*leben*
gestalten				

4. Handlungsfelder und Handlungsprinzipien

Handlungsfelder

Wege zur Nachhaltigkeit sind neue Handlungsmöglichkeiten (Innovationen) in Technik, Verhalten und Institutionen. Dabei geht es darum,

- die Nutzung von Quellen und Senken zu reduzieren, und zwar vorsorgend (integrativer Ansatz),
- bei den Quellen auf regenerative Ressourcen umzusteigen.

In der folgenden Tabelle 3 sind vereinfachend die einzelnen Felder dargestellt, an denen gezielt angesetzt werden kann. Allerdings ergeben sich Probleme, weil die Felder streng genommen nicht isoliert betrachtet werden dürfen. Es bestehen auf der horizontalen Ebene Beziehungen zwischen den Quellen und Senken: wird z. B. Energie eingespart, dann werden auch die Emissionen verringert. Die vertikalen Beziehungen sind ebenfalls deutlich, insbesondere wirken institutionelle Änderungen auf Technik und Verhalten ein, letztere sind wiederum miteinander verbunden.

Tabelle 3:   Handlungsfelder in Technik, Verhalten und Institutionen

Reduktion der Nutzung von ... durch Innovationen in Bereich	Quellen				Senken	
	Rohstoffe	Energie	Fläche	Luft	Boden	Wasser
Technik - technische Innovation und Substitution						
Verhalten - materieller Verzicht und Kompensation						
Institutionen -neue Organisationen						

Handlungsprinzipien

In der folgenden Übersicht sind die wichtigsten Handlungsprinzipien zusammengestellt, die sich in der Arbeit des *unw* seit Herbst 1993 herausgebildet haben. (Diese Prinzipien verändern sich durch Lernen).

Tabelle 4:   Handlungsprinzipien des *unw*

• Zeit nehmen	Wahrscheinlich haben wir nicht mehr viel Zeit zum Umsteuern, trotzdem müssen wir uns die Zeit nehmen, denn Strukturwandel verläuft langsam.
• Den Sinn vermitteln, daß ein Umsteuern notwendig ist	Über die Folge Sinn - Einsicht - Handlungsmöglichkeiten - Handeln vorgehen.
• Das persönliche Gespräch suchen	Diese sehr zeitintensive Vorgehensweise belohnt langfristig.
• Bei den Entscheidungsträgern beginnen	Veränderungen sind - ohne Umstürze - nur möglich, wenn die Entscheidungsträger vom Sinn dieser Veränderungen überzeugt sind. Dann erst ist es sinnvoll, die anderen Betroffenen einzubeziehen.
• Kurswechsel	Keine Wenden, sondern ein nachvollziehbarer Kurswechsel soll angestoßen werden.
• Partizipativ-diskursiver Ansatz	Im Gegensatz zum hierarchisch-regulativen Ansatz geht es hier darum, das gemeinsame Projekt Nachhaltigkeit mit allen Akteuren zu besprechen.
• Kooperative Lösungen suchen	Es werden immer Interessengegensätze zwischen den Betroffenen von Handlungen vorhanden sein. Dennoch lassen sich mit neuen institutionellen Regeln (z. B. mediationsbasierte Runde Tische) kooperative Lösungen finden.
• Mit der individuellen Verantwortung der Akteure das Problemlösungspotential der Beteiligten wecken	Fertige Lösungen gibt es meist nur über andere. Die einzelnen Akteure und Akteursgruppen wissen am besten selbst, was in ihrem Umfeld verändert werden kann, wenn der Sinn der Veränderung deutlich geworden ist. Dann können sie ihre Verantwortung wahrnehmen.
• Informationen bereitstellen	Veränderungen setzen Lernprozesse voraus und diese hängen von Informationen ab.

• Vorbilder heraus-stellen	Innovationen anderer präsentieren.
• Informationen verständlich aufbereiten	Sprache und Präsentation - z. B. mit neuen Möglichkeiten der Visualisierung - müssen die Botschaften übertragbar machen.
• Praktisches Handeln theoretisch fundieren	Rein situatives ad-hoc-Handeln ist wie zufälliges Herumstochern im Nebel. Langfristig wirksames Handeln sollte in ein Determinantenschema eingebunden sein und die Ganzheitlichkeit der Probleme beachten.
• Suchprozeß veranstalten	Die Zukunft ist im wesentlichen unvorhersagbar. Deshalb muß das Leitbild nachhaltiger Entwicklung mit Zwischenzielen angesteuert werden. Am Suchprozeß sollten alle Beteiligten teilnehmen.
• Vom guten Leben sprechen und versuchen, es zu praktizieren	Bei allen schlechten Nachrichten gibt es immer auch einige gute, die motivieren.
• Humor und Fröhlichkeit nicht unterdrücken	Ernsthaftigkeit behindert die Leichtigkeit des Seins, die Veränderungen schmiert. Fröhliche Beharrlichkeit, die das Lernen wichtig nimmt, kann helfen.
• In Personen denken	Das Denken in Organisationen kann bewirken, daß tatsächliche oder angebliche Besitzstände ausgeräumt werden müssen, die viel Zeit und Kraft blockieren.
• Bei Schlüsselakteuren beginnen	Wirtschaft, Verwaltung und Energieversorger sind in vielen Fällen Schlüsselakteure.
• Netzwerkbeziehungen ausnützen	Es ist sehr schwer, gegen ein lokales Netzwerk zu schwimmen.
• Handlungsmöglichkeiten eröffnen	Die organisatorischen und sonstigen Rahmenbedingungen schaffen, die Lernen und Neues ermöglichen.
• Qualität liefern	Auf allen Ebenen muß das Bestreben um höchstmögliche Qualität gegeben sein, bei Veröffentlichungen, Veranstaltungen, Gesprächen, etc. Dies fördert die Mitarbeit.

• Langfristig planen	Es ist gut, Ruhe ins Projekt zu bringen.
• Forschen	Die Ergebnisse wissenschaftlicher Forschung sind nachvollziehbar, das wissenschaftliche Paradigma ist überzeugend.

5. Mediationsbasierte Runde Tische

Die Idee

Runde Tische zeichnen sich dadurch aus, daß sich Vertreterinnen und Vertreter von organisierten oder nicht organisierten gesellschaftlichen Gruppen (oder Gruppierungen), die unterschiedliche Interessen haben, zusammensetzen, um für eine konkrete Themenstellung eine gemeinsame Lösungsstrategie in einem gemeinschaftlichen Diskurs kooperativ zu erarbeiten (vgl. die ausführliche Darstellung bei MAJER 1996b).

Diese neue Kooperationsform hat den politischen Entscheidungsprozeß seit 1989 wesentlich beleben können und sie hat wichtige Erfolge zu verzeichnen. Ihre inflationäre Anwendung konnte aber die hochgesteckten Erwartungen nicht immer erfüllen. Ein wesentlicher Grund lag m. E. in der mangelnden theoretischen Fundierung. Die Mediationsforschung könnte eine solche Fundierung liefern. Hierzu stellt FIETKAU fest (1992, S. 6):

„Mediation stellt eine bestimmte Form eines sozialen Entscheidungsprozesses dar, der sich von anderen Formen (staatlich geregelten Partizipationsverfahren, offenen Diskussionsrunden, Schiedsverfahren, Gerichtsverfahren usw.) unterscheidet. Die Hauptbesonderheit des Mediationsverfahrens besteht in der Einbeziehung eines neutralen ‚Mediators' in den Entscheidungsfindungsprozeß. Dieser hat die Aufgabe, durch die Gestaltung des Verfahrens und durch Hilfen im Kommunikationsprozeß zwischen Beteiligten die Entwicklung einvernehmlicher Konfliktlösungen zu begünstigen. Er soll hierbei nicht über die Macht, Entscheidungen in der Sache selbst, etwa i. S. eines Schiedsspruchs zu treffen, verfügen."

Nach den vorliegenden Erfahrungen kann man erwarten (ebd., S. 7):

„Informationsgewinn, Zuwachs an Transparenz, kompetentes Argumentieren, Abgrenzung konsesualer und strittiger Punkte und qualitativ bessere Problemlösung (zumindest in Teilfragen). Nicht unbedingt erwarten sollte man: Konsens in allen Fragen, nachhaltige Verbesserung des politischen Klimas, Verfahrensbeschleunigung sowie Imageverbesserung und Akzeptanzerhöhung der Akteure in der Öffentlichkeit."

Bringt man nun die Methode der Runden Tische mit den Erkenntnissen des Mediationsverfahrens zusammen, dann ergeben sich die folgenden Merkmale und Prinzipien, die in Abbildung 3 zusammengestellt sind (vgl. FIETKAU 1994).

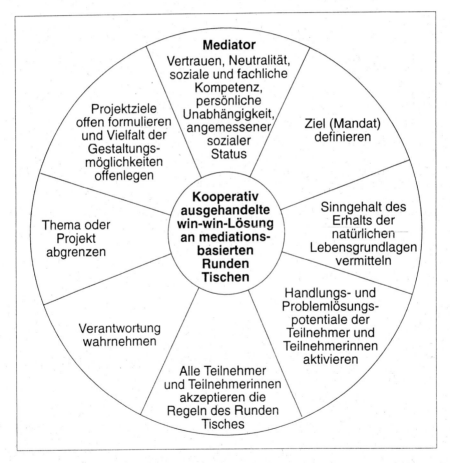

Abbildung 3: Merkmale und Prinzipien mediationsbasierter Runder Tische

Besonderheiten

Zusammensetzung und Organisation der Runden Tische hängen von einigen spezifischen Bedingungen ab.[6] Insbesondere geht es um die Frage, welche Zielsetzung die intermediäre Organisation mit dem Runden Tisch verfolgt: Will sie vermitteln, anstiften, koordinieren oder beraten? Bei allen Zielsetzungen spielt die Beratungsfunktion auch eine Querschnittsrolle, denn Entscheidungsprozesse beruhen immer auf Information.

Diese Zielsetzungen (vermitteln, anstiften und koordinieren) bestimmen die personelle Zusammensetzung der Runden Tische. Geht man in freier Interpretation von Ortwin RENN (RENN und WEBER 1994) davon aus, daß bei einem gesellschaftlichen Diskurs immer mindestens drei Gruppen involviert sind: Betroffene, Experten und Handelnde (Verantwortliche), dann lassen sich die Zielsetzungen der intermediären Organisation und die Zusammensetzung der Runden Tische, wie in Tabelle 5 dargestellt, miteinander verknüpfen (vgl. MAJER 1996b):

Tabelle 5:   Verknüpfung von Zielsetzung und Zusammensetzung von Runden Tischen

Zielsetzung der intermediären Organisation	Teilnehmerkreis des Runden Tisches
Anstifter-Funktion	Handelnde (verantwortliche Entscheidungsträger)
Vermittlungs-Funktion	Betroffene Experten Handelnde
Koordinierungs-Funktion	Handelnde
Qualifizierungs- und Beratungs-Funktion	Experten Datenbanken

---

[6] Mit diesen Fragen beschäftigt sich sehr ausführlich ein Forschungsprojekt im Wissenschaftszentrum Berlin, das von Hans-Joachim FIETKAU und Helmut WEIDNER geleitet wird (vgl. PFINGSTEN und FIETKAU 1992).

Die Zusammensetzung der Teilnehmer bestimmt wiederum wesentlich die organisatorischen Rahmenbedingungen der Runden Tische. Für Unternehmensleiter, die man noch nicht kennt, muß der Veranstaltungsort ein anderer sein wie bei Kollegen einer Hochschule, deren Sprache man kennt und mit denen man oft privaten und wissenschaftlichen Umgang pflegt.

Die Beratung (Information) durch interne oder externe Experten scheint bei allen Phasen ein konstitutives Merkmal zu sein. Die Sequenz Anstiften >> Vermitteln >> Koordinieren ist allerdings nicht chronologisch und linear; manchmal muß nach der Vermittlung nochmals angestoßen werden.

Abhängig von der generellen Zielsetzung der Runden Tische (Gesamtprojekt) ergibt sich ein unterschiedlicher Funktionsmix. Soll z. B. in einem Unternehmen durch Runde Tische ein Veränderungsprozeß hin zu ökologischem Wirtschaften eingeführt werden, dann könnte die Anstifterfunktion auf der Chefebene des Unternehmens ansetzen, die Vermittlungsfunktion vermischt die Mitarbeiter (Betroffene) der unterschiedlichen Unternehmenshierarchien, bei der Koordinierung treffen sich die Handelnden.

Die Rolle der Experten muß eindeutig definiert sein. Externe Experten sollten die Gespräche und Verhandlungen nicht dominieren. Das selbstorganisatorische Problemlösungspotential der Teilnehmer und Teilnehmerinnen muß aktiviert werden und immer im Vordergrund stehen.

Ein Fallbeispiel: Der Energiewirtschaftliche Projektrat des *unw*

Der Energiewirtschaftliche Projektrat des *unw* hat sich in einer Sitzung am 20. 6. 95 konstituiert. Hier geht es vor allem um eine Anstifter- und Koordinierungs-Funktion. Angestiftet werden sollen spezifische energiewirtschaftliche Projekte (Verbundprojekte) in Ulm, die auf einem Nachhaltigkeitspfad laufen. Koordiniert werden sollen die unterschiedlichen energiewirtschaftlichen Aktivitäten in der Ulmer und Neu-Ulmer Region.

Die Teilnehmer wurden wiederum in persönlichen Gesprächen eingeladen. Im Vordergrund standen die Kriterien „verantwortliche Position" und „Angebotsseite der Energieversorgung". Der Teilnehmerkreis umfaßte Vertreter der Stadtwerke, der Fernwärmeversorger, der Architektenkammer, der Bau- und Umweltbürgermeister, Vertreter der Universität, der Fachhochschule, des Handwerks und von Ingenieurbüros. Ein Papier über Begründung, Ziele und Aufgaben des Energiewirtschaftlichen Projektrates wurde im Vorfeld vom *unw* erstellt und den Teilnehmern zugesandt. Das Gespräch fand in einem Sitzungssaal der Stadtwerke statt. Zur Bewertung der ersten Veranstaltung will ich die folgenden Punkte hervorheben:

- Es herrscht weitgehende Übereinstimmung zwischen den Teilnehmern über die Ziele der kommunalen Energieversorgung und auch darüber, daß diese „nachhaltig" sein soll.

- Obgleich nur eine Seite der Energieversorgung, die Anbieterseite, vertreten war, zeigten sich wichtige Unterschiede in den Schwerpunkten der Energiepolitik und insbesondere in der Bewertung der Rahmenbedingungen.

- Es konnten, personengetragen, wichtige Punkte in der Sache vorgestellt werden. Die Runde war sich einig, daß Energiesparen, rationelle Energieverwendung und Übergang auf regenerative Energieträger wichtige Ansatzpunkte für eine zukunftsfähige Energiepolitik sind.

- Es gibt nach dem Gespräch keine Gewinner und keine Verlierer.

Das nächste Gespräch fand am 20. 9. 95 in den Räumen des Heizkraftwerks der EVS (heute FUG) statt. Die Teilnehmer sollten konkrete Projekte vorschlagen - nachhaltige Verbundprojekte, die der Projektrat verwirklichen soll. Die wichtigsten Vorschläge in dieser Sitzung waren,

- ein Baugebiet mit ca. 500 Wohneinheiten, das in zwei bis drei Jahren bebaut werden soll, nach den Kriterien einer nachhaltigen Energieversorgung zu optimieren, wobei - innerhalb gesetzlicher Rahmenbedingungen - ein Maximum an Freiheitsgraden für die Gestaltung vorgesehen ist. Das Gebiet befindet sich vollständig in städtischem Besitz. Der Gemeinderat hat hierfür seine Genehmigung erteilt.

- einen Wärmespeicher in der Nachbarschaft der Müllverbrennungsanlage zu planen und zu erstellen.

In der dritten Sitzung am 2. 11. 95, die in den Räumen des Zentrums für Sonnenenergie und Wasserstoff (ZSW) auf dem Universitätsgelände stattfand, haben die einzelnen Fachvertreter der verschiedenen Gruppen jeweils ihre Sicht dargelegt, wie das Baugebiet energiepolitisch optimiert werden könnte. Im Vordergrund standen Energiesparen, rationelle Energieverwendung und regenerative Energieträger, aber auch ökonomische und soziale Gesichtspunkte. Der Projektrat richtet nun eine Arbeitsgruppe auf der Ebene der Amtsleiter/Abteilungsleiter ein, die nach den groben Vorgaben Details erarbeiten. Außerdem ist ein wissenschaftliches Begleitprojekt bei einem Drittmittelträger beantragt.

Inzwischen hat eine Reihe weiterer Sitzungen stattgefunden, und zwar jeweils auf Einladung eines Mitglieds des Projektrates; die Mitglieder lernen somit die Arbeitsfelder und -umgebung der anderen kennen. Die einzelnen Arbeitsgruppen stellen Teilergebnisse fertig und übernehmen damit die operative Arbeit. Der Energiewirtschaftliche Projektrat ist nur für strategische Entscheidungen zuständig; dafür holt er vielfältige Informationen ein.

Der Projektrat wird weitere neue Verbundprojekte aufnehmen und analog bearbeiten. Es ist vorgesehen, regelmäßige Evaluationssitzungen abzuhalten, um die Arbeit des Energiewirtschaftlichen Projektrates effizient zu gestalten. Gemeinsame Sitzungen mit dem *unw*-Unternehmergesprächskreis und der *unw*-Amtsleiterrunde können vorgesehen werden.

6. Probleme und Ausblick

In der (stürmischen) Aufbauphase waren viele der auftretenden Probleme mit einigem Schwung und viel Phantasie recht einfach zu lösen, andere waren durch die Euphorie verdeckt. Nach fast drei Jahren läuft der *unw* in seine Konsolidierungsphase ein und es gilt, die Struktur so flexibel zu gestalten, daß unvermeidbare Fehler und Pannen abgefedert werden können.

Literaturverzeichnis

Fietkau, H.-J. (1994): Leitfaden für Umweltmediation, Hinweise für Schriften für Verfahrensbeteiligte und Mediatoren, Schriften zu Mediationsverfahren im Umweltschutz Nr. 8 (FSII 94-323), Wissenschaftszentrum Berlin, S. 6 - 7

Majer, H. (1995): Nachhaltige Entwicklung - Vom globalen Konzept zur regionalen Werkstatt, in: WSI-Mitteilungen, Heft 4/95, S. 220 - 230

Majer, H. (1996a): Sustainable City: Zum Prinzip der Nachhaltigkeit in Hamburg, in: Senatskanzlei Hamburg (Hrsg.), Regionale Umsetzungsstrategien für das Nachhaltigkeitskonzept, Planungsstab Forum 2, S. 55 - 66

Majer, H. (1996b): Mediationsbasierte Runde Tische. in: Biesecker, A.; Grenzdörffer, K.; Vocke, Chr. (Hrsg.): Institutionelle Arrangements für eine zeitgemäße Wohlfahrt, Pfaffenweiler (im Druck)

Majer H.; Bauer, J.; Leipert, Chr.; Lison, U.; Seydel, F.; Stahmer, C. (1996): Regionale Nachhaltigkeitslücken. Ökologische Berichterstattung für die Ulmer Region, *unw*-Schriftenreihe Bd. 2, Sternenfels-Berlin

Majer H.; Stahmer, C. (1996): Wie definiert, mißt und schließt man Nachhaltigkeitslücken?, in: Reich, U. P.; Stahmer, C.; Voy, K. (Hrsg.): Raum und Grenzen - Beiträge zu Theorien und Konzepten Volkswirtschaftlicher Gesamtrechnungen, Marburg (im Druck)

Pfingsten, K.; Fietkau, H.-J. (1992): Mediationsverfahren: Leitgedanken und methodische Erfassungsmöglichkeiten. Darstellung der empirischen Erhebungsverfahren im Forschungsprojekt „Mediationsverfahren im Umweltschutz", WZB Berlin (FS II 92-305)

Renn, O.; Weber, Th. (1994): Konfliktbewältigung durch Kooperation in der Umweltpolitik - Theoretische Grundlagen und Handlungsvorschläge, in: oikos (Hrsg.): Kooperation für die Umwelt. Im Dialog zum Handeln, Zürich, S. 11 - 52

Renn, O. et al. (1993): Public participation in decision making: A three-step procedure, in: Policy Sciences 26, S. 189 - 214

Die AutorInnen

Dr. Manon Andreas-Grisebach ist Lehrbeauftragte für Philosophie an der Pädagogischen Hochschule Heidelberg. Sie ist Mitbegründerin und Vorsitzende der Internationalen Assoziation von Philosophinnen.

Prof. Dr. Ulrich Duchrow ist Beauftragter der Regionalsstelle für Mission und Ökumene der evangelischen Landeskirche Nordbaden. Weiterhin ist er außerplanmäßiger Professor an der theologischen Fakultät der Universität Heidelberg.

Prof. Dr. Michael v. Hauff ist Hochschullehrer für Volkswirtschaftslehre mit Schwerpunkt Wirtschafts- und Entwicklungspolitik an der Universität Kaiserslautern. Für zahlreiche staatliche und nicht-staatliche Organisationen ist er als entwicklungspolitischer Gutachter vor allem im asiatischen Raum tätig.

Dipl.-Wirtsch.-Ing. Johannes Hönig ist Doktorand an der Universität Kaiserslautern. Sein Forschungsschwerpunkt liegt in der Verknüpfung von entwicklungs- und umweltpolitischen Fragestellungen.

Prof. Dr. Helge Majer ist Leiter der Abteilung für Wachstums- und Innovationsforschung des Instituts für Sozialforschung der Universität Stuttgart. Er ist Gründer und zugleich Vorstand des Ulmer Initiativkreises nachhaltige Wirtschaftsentwicklung.

Dipl.-Ing. Harald Schäffler arbeit seit mehreren Jahren zum Thema Nachhaltige Entwicklung und Energieversorgung. Er promoviert an der Universität Frankfurt zum Thema Nachhaltigkeit als Kriterium der energiepolitischen Technikbewertung.

Helge Majer

Ökologisches Wirtschaften
Wege zur Nachhaltigkeit in Fallbeispielen

1995, 2. Aufl., 160 Seiten, zahlr. Abb., ISBN 3-928238-76-0
Schriftenreihe des unw, Band 1

Alles Reden über nachhaltige Wirtschaftsentwicklung ist müßig, wenn nicht eine gemeinsame Anstrengung von Wirtschaft, privaten Haushalten, Staat und anderen gesellschaftlichen Kräften unternommen wird. Und es deutet vieles darauf hin, daß die Einsicht für einen solchen Kurswechsel bei vielen vorhanden ist, doch was nützt die klügste Einsicht, wenn der Weg nicht beschritten werden kann?

Der Autor versucht, diesen Weg an vielen Beispielen aus der Praxis aufzuzeigen. Es hat wenig Sinn, über das Sterben der Wälder und die Verpestung der Luft, über Müllberge und verseuchtes Wasser zu lamentieren. Wichtig ist, daß objektive Informationen über den Zustand und die Entwicklung unserer natürlichen Lebensgrundlagen zu konkreten Handlungen führen. Es gibt genügend Beispiele dafür, wie Firmen und Einzelpersonen auf diese Herausforderung geantwortet haben. Und sie stehen durch ihr ökologisches Engagement heute und in Zukunft besser da als gestern.

Natürlich können wir warten, bis der Druck der öffentlichen Meinung auf den Gesetzgeber zu weiteren Gesetzen und Verordnungen zum Schutz der Umwelt führt. Doch das Warten auf mehr Regulierung kann nicht die Strategie einer dynamischen Wirtschaft sein. Eine offensive Antwort lautet, das Heft selbst in die Hand zu nehmen und damit mehr Regulierung zu vermeiden. Viele Pioniere sind schon vorangegangen. Die hier zusammengestellten Beispiele aus vielen Branchen zeigen, wie Firmen der Wirtschaft offensiv die Kostensenkungs- und Qualitätsführerschaft übernommen haben: Umweltschutz kann Kosten sparen und neue Märkte erschließen. Umweltschutz sichert die langfristige Unternehmensexistenz. Umweltschutz steigert die Mitarbeitermotivation. Nachhaltiges Wirtschaften ist zukunftsfähig.

Verlag Wissenschaft & Praxis

Helge Majer, Joachim Bauer, Christian Leipert, Ulrich Lison
Friedericke Seydel, Carsten Stahmer

Regionale Nachhaltigkeitslücken

Ökologische Berichterstattung für die Ulmer Region

1996, 160 Seiten, zahlr. Abb., ISBN 3-928238-92-2
Schriftenreihe des unw, Band 2

Der Band basiert auf einem Forschungsprojekt, dessen Ziel darin bestand, eine regionale ökologische Berichterstattung konzeptionell zu entwerfen und praktisch durchzuführen, die nicht nur über Meßergebnisse berichtet, sondern auch politische Handlungsmöglichkeiten aufzeigt und sich am langfristigen Leitbild nachhaltiger (dauerhaftumweltgerechter) Entwicklung ausrichtet. Die Lösungsidee lautet: „Nachhaltigkeitslücken" berechnen. Der Text zeigt, daß die Anwendung von Nachhaltigkeitszielwerten für CO_2, NO_x, VOC, Benzol, Ozon und Ruß/Dieselruß zu gravierenden Nachhaltigkeitslücken in Ulm führt. Aus diesem empirischen Befund wird ein Maßnahmenbündel „aus einem Guß" abgeleitet. Die vorgeschlagenen Maßnahmen beschränken sich nicht nur auf den technischen Bereich, sondern beziehen verhaltensbezogene und institutionelle Veränderungen mit ein. Die für die Ulmer Region entwickelte Konzeption der Nachhaltigkeitslücken kann auch auf andere Regionen übertragen werden.

Aus dem Inhalt:

Die Konzeption der Nachhaltigkeitslücken ◆ Determinantenstruktur und empirische Berechnung der gesellschaftlichen Nutzungsansprüche ◆ Die natürlichen Lebensgrundlagen ◆ Ermittlung und Interpretation von Nachhaltigkeitslücken ◆ Ansatzpunkte für politisches Handeln ◆ Die Übertragbarkeit der Methoden und Ergebnisse auf andere Regionen ◆ Standards und Verwirklichungsgrad verschiedener Formen der Umweltberichterstattung ◆ Überlegungen zur Messung der Nachhaltigkeitslücke ◆ Die Datenlage für die Region ◆ Indikatoren für Rahmendaten ◆ Emissionsberechnungen

Verlag Wissenschaft & Praxis